服务地方性立法实务精要

黄旭亮 著

法律出版社
LAW PRESS·CHINA
北京

图书在版编目（CIP）数据

服务地方性立法实务精要 / 黄旭亮著. -- 北京 : 法律出版社, 2025. -- ISBN 978-7-5244-0537-5

Ⅰ. D927

中国国家版本馆 CIP 数据核字第 2025XR7143 号

服务地方性立法实务精要
FUWU DIFANGXING LIFA SHIWU JINGYAO

黄旭亮　著

策划编辑 李　军
责任编辑 李　军
装帧设计 贾丹丹

出版发行 法律出版社
编辑统筹 法律应用出版分社
责任校对 朱海波
责任印制 刘晓伟
经　　销 新华书店

开本 710 毫米×1000 毫米　1/16
印张 12.25　　**字数** 200 千
版本 2025 年 8 月第 1 版
印次 2025 年 8 月第 1 次印刷
印刷 三河市龙大印装有限公司

地址：北京市丰台区莲花池西里 7 号（100073）
网址：www.lawpress.com.cn
投稿邮箱：info@lawpress.com.cn
举报盗版邮箱：jbwq@lawpress.com.cn

销售电话：010-83938349
客服电话：010-83938350
咨询电话：010-63939796

书号：ISBN 978-7-5244-0537-5
定价：58.00 元

序

在法治建设不断完善的当下，地方立法作为国家法律体系的重要组成部分，正发挥更加重要的作用。近年来，浙江释晨律师事务所作为第三方起草单位，深度参与了多部地方性法规的起草工作，其中，《金华市海绵城市规划建设管理条例》《金华两头乌猪产业发展促进条例》两部条例目前都已在省市人大会议上通过。

在参与起草的过程中，我们遭遇了诸多挑战。程序方面要严格遵循立法的各项流程和规范，每一个环节都不容有失，从前期的调研、意见征集，到草案的反复修改、论证，再到最终的审议通过，每一步都需要精心安排、严谨推进。专业方面是我们的短板，如《金华两头乌猪产业发展促进条例》中涉及畜牧养殖、农业经济、食品安全等专业内容，我们需要在短时间内深入了解这些专业领域，确保法规内容科学合理、切实可行。

然而，凭借立法团队的整体协作与不懈努力，我们成功应对了这些挑战。团队成员分工明确、密切配合，充分发挥各自的专业优势，从不同角度对法规草案进行研究和完善。在这个过程中，我们不断学习、探索，积极借鉴其他地区的先进经验，结合金华市的实际情况，反复打磨每一个条款，最终交出了让有关部门满意的答卷。

这几部条例的制定过程，凝聚了人大、司法局及有关部门诸多参与立法同志的智慧与心血。他们在工作中展现出的严谨态度、专业素养和敬业精神，让我们深受感动和启发。许多领导还毫无保留地给我们传授宝贵的工作方法，这些经验如同璀璨的明灯，照亮了立法道路上前行的方向，让我们受益终身。

正是因为有了在地方性立法过程中的工作和学习机会，我们才能勉强“完成任务”。在法条文字表述方面，我们学会了如何用精准、严谨的语言表达立法意图，确保法规条文清晰易懂、具有可操作性；在统筹协作安排工作方面，我们掌握了如何协调各方资源，高效推进立法工作的开展；在深层次问题研究方面，我们学会了如何透过现象看本质，深入分析立法过程中遇到的各种问题，并提出切实可行的解决方案。

在参与立法工作一段时间后，我们萌生一个想法：能否将在地方立法工作中的好经验、好做法进行系统总结提炼，形成一本可供参考和借鉴的读物？带着这样的初衷，在繁忙的日常工作之余，我们挤出时间，将自己初浅的心得整理成文字。在成稿过程中，我们得到了诸多领导和专家的热情帮助与鼓励，他们不吝赐教，提出了许多极具价值的意见和建议，让本书的内容更加充实、完善。在此，我们向所有给予支持的领导、专家致以最诚挚的感谢。

时间仓促，加之水平有限，有些内容难免存在错误，请大家批评指正，我们将不断完善内容，使其能更好地服务于地方立法工作。

2025 年 8 月 1 日

CONTENTS 目 录

第一章　服务地方性立法工作的总体工作思路

第一节　坚持问题导向

一、地方立法中坚持问题导向的基本理念

（一）地方立法要坚持从实际出发

在地方立法工作中，坚持问题导向是一种非常重要的工作方法论。该方法论着重强调立足于实际，对各类具体问题进行深入剖析，从而在具体的地方性法规的条文中解决问题。围绕解决实际存在的问题，可以切实有效地提升立法质量和效率，更好地服务于地方经济社会的发展。

第一，从实际出发是坚持问题导向的核心。这就要求立法者不能仅仅局限于理论层面的探讨或者形式上的法律条文制定，而是必须深入社会生活的方方面面，切实了解人民群众内心真实的需求以及所关切的重点。这不仅包括经济发展中存在的问题，也涵盖社会治理、环境保护、民生改善等多方面的问题。

第二，具体问题具体分析是坚持问题导向的必然要求。不同地区由于地理环境、资源禀赋、经济结构、人口结构和文化传统等方面存在显著差异，所面临的问题也不尽相同。以《金华两头乌猪产业发展促进条例》为例，两头乌猪是中国四大名猪之一，是金华特有的猪种，两头乌猪的产业发展没有较多可以参考的经验。该条例充分考虑了金华本地的实际经济情况，从政策法规层面为产业发展提供保障，把地方稀缺资源转化为新质产能。

第三，实际可操作性是坚持问题导向的重要体现。在立法过程中，我们需要

把法条的可操作性放在实施过程中加以审视,确保法规能够顺利执行并产生预期效果。以《金华两头乌猪产业发展促进条例》为例,该条例内容并非只提出笼统的发展目标,而是从保护传承、产业发展、扶持保障等方面制定了一系列具体且可落地执行的条款。比如,建立良种繁育体系,推广生物育种技术应用,以及大力推进两头乌农文旅融合发展等。这些细致入微的规定,让从业者清楚地知道该做什么、怎么做,也让监管部门在执行时有据可依。

(二)地方立法要注重社会反馈与动态调整

社会反馈与动态调整在地方立法工作中是相辅相成、缺一不可的整体。社会反馈是动态调整的前提和依据,只有广泛收集来自社会各界的声音,才能精准定位法规在实施过程中存在的问题;而动态调整则是对社会反馈的积极回应,通过对法规的及时优化,让立法成果更好地适应社会发展的动态需求。没有社会反馈,动态调整就会无的放矢;缺乏动态调整,社会反馈便失去了实际意义。因此,重视并做好社会反馈收集工作,进而及时开展动态调整与完善工作,以保持立法张力,这是保障地方立法质量、坚持问题导向的关键所在。[1]

第一,建立全面有效的反馈机制是坚持问题导向的保证。地方立法在颁布实施后应积极搭建与社会各界沟通的桥梁。首先,要重视民众意见的收集,可以通过线上、线下相结合的方式,如开设专门的立法反馈网站、举办社区听证会等,让普通民众有表达诉求的渠道,因为他们是法规的直接受影响者,能从日常生活角度发现法规实施过程中的问题。其次,行业反馈也至关重要,不同行业具有不同的运营模式和发展需求,应重视行业协会、企业等主体的建议。最后,执法部门作为法规执行的一线力量,他们在日常执法过程中遇到的困难、发现的不合理之处,对于完善法规具有重要参考价值。通过多维度收集反馈,能够全方位了解法规在社会中的运行情况。

第二,顺应变化适时调整是坚持问题导向的有效方式。基于收集的社会反馈,立法机关要及时识别法规实施过程中存在的问题。比如,在一些新兴行业领域,由于发展速度快、创新频繁,相关法规很容易出现监管空白或条款不适配的现象。此时,就需要根据社会反馈,对法规进行动态调整与完善,使其能够持续适应

〔1〕 参见黄良林:《论设区的市地方立法起草》,载《人大研究》2017 年第 8 期。

社会发展变化,真正成为地方发展的有力制度支撑。

二、地方立法中坚持问题导向的重要性

解决问题是地方立法工作中的核心,其中的重要性主要体现在以下方面。

(一)提高立法精准度的必然要求

第一,地方立法的目的在于解决一定行政区划内的实际问题,并提出具体解决问题的方案。问题涉及城乡建设与管理、历史文化保护、基层治理等,只有坚持问题导向,才能提高立法的精准度。坚持问题导向能够精准聚焦地方发展中的实际难题,避免立法脱离实际、流于形式。

第二,问题导向要求立法工作中善于调查研究和征求各方意见。立法机关在立法过程中,必须始终以解决实际问题为目标,通过深入调研和广泛征求意见,找准地方治理中的难点、堵点和痛点。只有这样,才能使法规内容紧密贴合地方实际需求,确保立法内容具有针对性和可操作性,制定出的法律条款在解决实际问题时更具有实效性,切实回应地方治理的现实需求。

(二)增强立法实效的重要保障

第一,避免形式主义,紧扣实际问题。地方立法需要避免"为立法而立法"的形式主义倾向,必须立足实际,聚焦本地区经济社会发展中的突出矛盾和群众反映强烈的热点、难点问题,制订切实可行的解决方案,确保立法成果具有针对性和可操作性。

第二,建立科学机制,精准发力。立法机关要建立科学的问题发现机制、分析机制和解决机制,通过深入调研、广泛听取民意,准确识别最需要规范、最亟待解决的领域,将立法资源集中在这些关键领域,提升立法资源的利用效率。

第三,注重地方特色,确保实施效果。坚持问题导向的地方立法,要注重结合本地实际情况,制定具有地方特色的法规政策。例如,某省在制定乡村振兴促进条例时,针对农村人才流失、产业基础薄弱等突出问题,制定了符合当地实际的扶持政策,取得了良好的实施效果,为其他地方立法提供了有益借鉴。

(三)增强公众参与感的重要途径

第一,聚焦民众关切,激发参与意愿。当立法工作坚持问题导向时,参与者就

会在日常工作中更能发现问题，例如，教育、医疗、住房、环境等民生领域，这些问题与公众的切身利益密切相关，能够激发公众参与立法讨论的积极性和主动性，使公众更愿意表达自己的意见和建议。

第二，搭建沟通桥梁，拓宽参与渠道。为了更准确地把握民众需求，立法机关会主动搭建与公众沟通的桥梁，通过座谈会、问卷调查、网络征求意见等多种形式，广泛收集社情民意。这些多样化的参与渠道为公众提供了更多表达诉求的机会，使公众能够更便捷地参与立法过程。

第三，提升认同感，形成良性互动。当公众看到自己关心的问题被纳入立法议程，会更加主动地参与立法工作，这也是开门立法、全民立法的体现。这种参与感和认同感的提升，不仅增强了公众对立法工作的信任，也促进了立法机关与公众之间的良性互动，为日后顺利实施奠定了基础。

第四，推动共建共治，凝聚社会共识。公众参与立法过程，不仅能够使立法内容更加贴近实际、符合民意，还能形成共同建设、共同治理的良好局面。在较大范围内听取公众的呼声，可以较好地在地方立法中通过广泛吸纳公众意见的方式来形成具体的条款，增强法条的实效性。

当立法工作树立问题导向工作原则时，便会把民众关心的问题放在更加重要的位置。在这一过程中，就需要主动建立与公众之间的沟通或意见反馈渠道，以此来听取民众意见。公众看到自身关注的问题被纳入立法范畴，参与立法讨论，表达自身诉求，能够切实感受到自己在立法过程中的作用，会激发自身参与立法工作的热情，形成立法机关与公众共同推动法治建设的良好局面。问题导向原则鼓励立法者广泛听取社会各界的意见，特别是那些直接受到影响的群体的声音。这种做法不仅有助于增强公众对立法工作的认同感和支持度，还能促进立法透明度，增加政府决策的公信力。

（四）促进社会稳定和谐的重要举措

地方立法工作中坚持问题导向，可以直面社会矛盾的原始点，能够增强化解社会矛盾的力度，理顺各方利益关系。针对社会治理、民生保障等领域的突出问题制定法规，为解决纠纷提供明确的法律依据，让各类社会活动有法可依。这有助于营造公平有序的社会环境，减少社会冲突，维护社会秩序，促进社会稳定和谐,为地方经济社会的持续健康发展奠定坚实基础。

第一,化解社会矛盾,预防风险隐患。地方立法通过深入调研和精准识别,能够及时发现社会运行中的潜在矛盾和风险点,并针对这些问题建立相应的预防和化解机制。例如,针对近年来的劳资纠纷问题,某市在制定劳动保障条例时,重点规范了劳动合同签订、工资支付等环节,有效减少了劳动争议事件的发生,从而达到了制定条例的目的。

第二,回应群众关切,增强社会认同。地方立法工作坚持以人民为中心,通过广泛听取民意、聚焦群众反映强烈的热点、难点问题,能够有效增强人民群众对法治的认同感和信任感。例如,某地在制定物业管理条例时,针对小区停车难、物业收费不透明等问题,制定了明确的管理监督规范,切实解决了群众的实际困难,提升了社会满意度。

第三,提升和完善治理体系,提升治理效能。坚持问题导向的地方立法能够填补制度空白,完善社会治理体系,推动形成共建共治共享的社会治理格局。例如,某省在制定矛盾纠纷多元化解条例时,创新性地建立了人民调解、行政调解、司法调解联动机制,为化解社会矛盾提供了多元化的解决途径,极大提升了社会治理水平。

坚持问题导向是地方立法工作打磨出好条款的重要抓手,它要求立法者始终保持敏锐的问题意识,深入基层,倾听民意,通过科学合理的分析来确定立法的方向和内容。这样不仅能提高立法的针对性和有效性,还能增强公众对法治建设的信心。未来,在推进地方立法的过程中,应当继续强化问题导向的理念,不断创新工作方式方法,以更好地服务地方经济社会发展大局。

三、地方立法中落实问题导向的参考步骤

坚持问题导向是实事求是原则在地方立法工作中的体现,所以,立法者需要从实际出发,针对具体问题进行深入研究,并据此制定出针对性强、可操作性强的法律法规。

(一)找准问题和明确目标

第一,全面调研,精准识别问题。通过实地考察、问卷调查、数据分析等多种

方式，进一步了解拟定地方立法内容涉及的主要问题。实地考察、问卷调查、数据分析等方法综合利用可以有效达到调研效果。例如，某市在制定交通管理条例前，通过大数据分析交通拥堵热点区域，并结合市民问卷调查，精准识别出交通管理的重点问题。

第二，多方参与，凝聚共识。组织专家、学者、行业代表及公众等多方参与讨论，以获取不同视角的意见和建议。专家和学者可以提供专业知识的支撑；相关行业代表可以提出需实际解决的问题；公众可以反映民意。例如，某省在制定环境保护条例时，邀请环保专家、企业代表和社区居民共同参与讨论，确保条例内容既科学合理又贴近实际。

第三，列明问题的轻重缓急。问题分为主要问题和次要问题，需要加以区分。优先解决影响面广、群众反映强烈的问题，确保立法资源的高效利用。例如，某地在制定食品安全条例时，将校园食品安全和网络餐饮监管列为优先事项，集中力量解决社会关注度高的突出问题。

第四，设定目标，明确方向。为每个选定的问题设定清晰的目标，确保立法工作有明确的方向。

（二）深入调研与分析

在地方立法工作中，深入调研与分析是解决问题的关键所在。通过科学、系统的调研方法，全面掌握问题的本质和影响因素，为制定精准有效的法律法规奠定坚实基础。

第一，收集定量数据，夯实研究基础。利用官方统计数据、市场调研报告、行业年鉴等权威资料，收集与问题相关的量化信息。例如，通过分析人口普查数据、经济统计年鉴等，了解问题的规模、趋势和分布特征。定量数据的运用能够为立法提供客观依据，增强立法的科学性和说服力。

第二，组建专家组，提升评估专业性。邀请相关领域的专家学者、行业权威人士组成评审小组，对收集的数据进行专业评估。专家组的参与能够从理论高度和实践经验出发，提供科学、专业的意见和建议，确保调研结果的准确性和可靠性。

第三，整合多方意见，提炼核心观点。在专家评估的基础上，综合各方意见，提炼出核心观点和建议。这一过程需要立法者对数据进行系统梳理和分析，找出问题的关键症结，为下一步的立法工作提供清晰的方向和依据。

第四，多渠道发布草案，广泛征求意见。通过政府网站、社交媒体、新闻媒体等多渠道发布立法草案，公开征求社会各界的意见。例如，利用微信公众号、微博等平台发布草案内容，并设置在线问卷，方便公众参与讨论。这种开放透明的做法能够增强立法的民主性和公众参与感。

第五，加强跨部门协作，确保政策协调。在立法过程中，加强与其他政府部门的沟通与协作，确保政策的一致性和协调性。例如，在制定《金华两头乌猪产业发展促进条例》时，需要协调农业农村部门与市场监管部门的政策统一性，以提升立法的系统性和可操作性。

（三）制定科学合理的法规草案

发现问题和解决问题的过程，即法规草案雏形形成的过程，这一阶段需要将调研成果转化为具体的法律条文，确保法规内容既具有针对性，又具备可操作性。

第一，明确立法原则，确保方向正确。在起草法规草案时，首先要明确立法的基本原则，例如，合法性原则、合理性原则、可操作性原则等。例如，在制定《金华市海绵城市规划建设管理条例》时，就以"生态为本"和"规划引领"为基本原则，确保法规内容符合国家战略和地方实际。

第二，细化条款内容，增强可操作性。法规草案的条款设计应具体、明确，避免模糊表述。例如，在制定交通管理条例时，应明确规定交通违法行为的处罚标准、执法程序等，确保法规在实际执行中有据可依。同时，条款内容应结合地方实际，避免照搬上位法或其他地区的经验。

第三，引入创新机制，解决实际问题。制定法规草案时，可以引入创新机制或试点政策，以解决地方特有的问题。例如，某市在制定垃圾分类管理条例时，创新性地引入了"积分奖励"机制，鼓励居民积极参与垃圾分类，取得了良好效果。

第四，注重条款衔接，确保体系完整。法规草案的条款之间应逻辑严密、相互衔接，避免出现矛盾或漏洞。例如，在制定食品安全条例时，应确保生产、流通、消费各环节的监管条款相互配合，形成完整的监管链条。

第五，开展风险评估，预判实施效果。在草案制定过程中，应对法规实施可能带来的社会、经济、环境等影响进行风险评估。例如，通过专家论证、模拟分析等方法，预判法规实施后可能产生的问题，并提前采取应对措施。

（四）广泛征求意见与完善草案

法规草案的完善是一个动态过程，需要通过广泛征求意见和反复修改，确保法规内容更加科学、合理和可行。

第一，多渠道征求意见，扩大参与范围。通过政府网站、社交媒体、公众听证会等多种渠道，广泛征求社会各界对法规草案的意见。例如，某市在制定养老服务条例时，通过微信公众号发布草案，并设置在线问卷，收集了数千条公众意见，为草案完善提供了重要参考。

第二，组织专题研讨，聚焦重点问题。针对草案中的重点条款或争议问题，组织专题研讨会，邀请专家、学者、行业代表和公众代表深入讨论。例如，在制定《金华两头乌猪产业发展促进条例》时，组织农业专家、养殖户代表和市场监管人员，专题讨论产业扶持政策和质量监管措施。

第三，吸纳合理意见，优化草案内容。对收集的意见进行系统梳理和分析，吸纳合理建议，优化草案内容。例如，某地在制定教育条例时，根据公众意见增加了"校外培训机构监管"条款，进一步增强了法规的针对性和可操作性。

第四，开展合法性审查，确保合规性。在草案完善过程中，应进行合法性审查，确保法规内容符合上位法和相关法律法规的要求。例如，邀请法律专家对草案进行逐条审查，避免出现与上位法冲突或超越立法权限的情况。

第五，试行与反馈，动态调整完善。对于涉及面广、影响深远的法规，可以采取试行方式，在一定范围内先行实施，并根据实施效果动态调整完善。例如，某市在制定共享单车管理条例时，先在城市核心区试行，根据试行效果对条款进行了多次修改，最终形成正式法规。

通过以上步骤，地方立法工作能够更加系统、科学地坚持问题导向，确保法规内容既符合实际需求，又具备较强的可操作性。同时，这一过程也体现了立法工作的开放性和民主性，有助于增强公众对立法工作的认同感和参与感。

四、地方立法中坚持问题导向的挑战

（一）实践中面临的挑战

第一，信息不对称，数据获取困难。在某些领域，尤其是新兴行业或敏感问题上，获取全面准确的数据可能较为困难。部分利益相关方可能会出于自身利益考虑而隐瞒关键信息，导致立法者难以全面了解情况。

第二，利益冲突。(1)不同群体利益矛盾：不同社会群体之间可能存在利益冲突，如环境保护与经济发展之间的矛盾。(2)地方保护主义：某些地方可能出于地方保护主义的考虑，对一些问题视而不见，阻碍了立法工作的公正性。

第三，执行难度。(1)执法资源有限：部分地区可能面临执法资源不足的问题，影响法律的有效执行。(2)执行标准不统一：不同地区在执行同一法律时可能存在标准不一致的情况，导致法律效果大打折扣。

第四，公众参与度低。(1)公众意识不足：部分公众对立法工作缺乏足够的认识和参与意愿，可能会导致所采集的意见代表性不足。(2)参与渠道不畅：可能存在采集信息渠道不通畅的情形，降低了公众的参与度。

第五，地方性立法工作滞后于社会新问题发生的频率。随着科技的快速进步，一些新的社会问题不断涌现，而地方性立法往往跟不上这种新问题发生的频率。

(二)对策建议

第一，加强信息收集与分析。(1)建立数据共享机制：通过建立跨部门的数据共享平台，提高数据获取的完整性。(2)强化调研能力：加强对立法人员的培训，提升其调研能力和数据分析能力，确保适应复杂的工作条件。(3)引入第三方评估：邀请独立的第三方机构进行评估，提供客观、专业的意见。

第二，平衡各方利益。(1)多方协商机制：建立多方协商机制，通过对话和协商寻找利益平衡点，减少利益冲突。(2)公开透明决策：确保立法过程的公开透明，让所有利益相关方都能参与决策过程。(3)利益补偿机制：对于因立法受到不利影响的群体，建立合理的利益补偿机制，减少反对声音。

第三，提高执法效能。(1)加强执法队伍建设：加大对执法人员的培训力度，提高其专业素质和执法能力。(2)优化资源配置：合理配置执法资源，确保重点领域的执法力量充足。(3)统一执法标准：制定明确的执法指南，确保不同地区的执法标准一致。

第四，增强公众参与。(1)拓宽参与渠道：利用互联网等现代技术手段，拓宽公众参与立法的渠道,如在线问卷、社交媒体互动等。(2)提高公众意识:通过宣传教育活动,提高公众对立法工作的认识和参与意愿。(3)建立反馈机制:建立健全公众意见反馈机制,确保公众的意见能够得到及时处理和回应。

第五,适应社会发展。(1)动态调整机制:建立法律动态调整机制,定期评估现有法律的适用性和有效性,及时进行修订。(2)前瞻性立法:在立法过程中充分考虑未来发展趋势,预留一定的灵活空间,以适应快速变化的社会环境。(3)专家咨询制度:设立专家咨询委员会,为立法工作提供前沿技术和政策建议,确保立法内容与时俱进。

坚持问题导向是提高地方立法质量的重要途径,但同时面临诸多挑战。加强信息收集与采取科学合理的分析方法、平衡各方利益、提高执法效能、增强公众参与以及适应社会发展等方面,可以有效地克服这些挑战。在推进地方立法的过程中,应始终坚持问题导向的理念,不断创新和完善工作方法,以确保立法工作的高质量和高效率。同时,这要求立法工作者具备较高的专业素养和社会责任感,不断学习新知识、掌握新技能,以便更好地服务于地方乃至国家的整体发展大局。

第二节　区分好政策与立法的边界

随着中国社会经济的发展和治理结构的优化,地方性法规与政策都是社会治理的有机组成部分。实践中,政策与立法之间存在一定的模糊性和重叠性,容易导致两者的定位混淆,影响地方立法的积极性和实效性。因此,明确政策与立法的边界在地方立法工作中特别是立法技术层面具有紧迫性和必要性。

一、政策与立法的概念及关系

政策与立法紧密相连但又有所区别。一方面,政策可以为立法提供指导思想和支持依据;另一方面,立法则通过确立规则体系来保障政策目标的实现,同时,立法可以反过来影响政策的形成与发展。

(一)政策的概念及特点

政策(policy)是指由特定主体(如政府机构)为了实现特定的社会、经济或其他目标,针对某一类问题或领域而制定的行为准则或行动指南。它通常以文件形式发布,一般为一系列的决策和措施,旨在引导和规范相关主体的行为,以达到预期的效果。政策可以是正式的文件,也可以是非正式的指导方针,其内容涵盖了从国家层面的大政方针到地方性具体规定等多个层次。

政策作为一种重要的治理工具,在现代社会管理和公共服务提供方面扮演着不可或缺的角色,它也具有自己的特点,理解政策的概念及其特点有助于我们更好地分析和评估政策的有效性和影响。

第一,目标导向性。政策总是围绕着一定的目标来设计和实施,这些目标反映了决策者对社会发展的期望和意图。例如,环保政策的目标可能是减少污染排放、保护自然资源等。

第二,权威性和强制力。虽然并非所有的政策都具有法律效力,但它们通常由权威的机构发布,并且在一定范围内对公众具有约束作用。对于违反政策的行为,可能会有相应的惩罚措施。

第三,灵活性与适应性。政策能够根据实际情况的变化迅速作出调整,以应对新的挑战或机遇。这种灵活性使政策可以在快速变化的社会环境中保持有效性。

第四,普遍适用性与针对性。一方面,政策往往适用于某一特定群体或行业;另一方面,它也试图覆盖尽可能广泛的人群或活动范围,确保政策的影响最大化。

第五,预见性和前瞻性。优秀的政策不仅解决了当前的问题,还预见了未来可能遇到的困难,并提前规划解决方案。这要求政策制定者具备长远的眼光和科学的方法论。

第六,公开透明度。良好的政策应当公开透明,即政策的内容、制定过程以及执行情况都应该向公众开放,便于接受监督和社会反馈。

第七,合法性。政策必须符合宪法和法律法规的要求,不能超越上位法的规定。合法性是保证政策正当性的基础,也是维护社会稳定的重要因素。

第八,综合协调性。在一个复杂的治理体系中,不同的政策之间需要相互协调配合,避免出现冲突或者重复管理的情况。同时,政策还需要与其他类型的法规和制度相互衔接,形成一个完整的治理框架。

（二）立法的概念及特点

立法（legislation）是指拥有立法权的机关依照法定程序制定、修改或者废止法律的行为。它是国家或地方层面构建法律体系的关键步骤，旨在通过确立规则来调整社会关系、保障公民权利、维护公共秩序和促进社会发展。立法具有以下特点。

第一，权威性和强制性。立法所形成的法律文件具有最高的权威性，在其适用范围内所有社会成员必须遵守。违反法律规定，将依法承担相应的责任，以确保法律的有效实施。

第二，合法性与合宪性。立法必须严格遵守宪法和其他上位法的规定，不得与之相抵触。合法性是立法的基础，保证了法律的正当性和可接受性。

第三，普遍适用性。法律是对整个社会成员普遍适用的行为准则，它不受特定个体或群体的影响，适用于所有人，无论其身份地位如何。

第四，稳定性和连续性。一旦法律颁布实施，除非经过严格的修订程序，否则不应轻易改变。这种稳定性有助于建立稳定的社会预期，而连续性则确保了法律体系的一致性和连贯性。

第五，公开透明度。立法过程应当公开透明，包括提案、审议、表决等各个环节都应向公众开放，以确保社会各界能够参与其中并提出建议。此外，已颁布的法律法规应及时向社会公布，方便民众了解和遵守。

第六，程序严谨性。立法是一项严肃的政治活动，需要遵循一系列严格的程序规定，如提案、讨论、审议、表决、签署和公布等。每个环节都有明确的要求，确保立法的质量和效率。

第七，综合协调性。立法不仅要考虑当前社会的需求，还要预见未来可能的变化，并与其他现行法律相互配合，形成一个完整的法律体系。同时，不同层次和领域的法律之间也要保持协调一致，避免出现冲突或空白地带。

第八，反映社会共识。优秀的立法应当反映广大人民群众的共同意愿，遵循社会发展的客观规律，既要保护个人权益，又要兼顾集体利益，实现公平正义。

第九，预见性和前瞻性。一部好的法律不仅解决了目前的问题，还预留一定的弹性空间以解决未来可能出现的情况。制定出具有前瞻性的原则条款，客观上要求一些条款不能过细过密。基于此，立法者应当具备长远的眼光和科学的方法论。

二、区分政策与立法边界的原则

在地方立法中，区分政策与立法边界的原则是确保政策与立法各司其职、相互协调的重要依据。以下是几项关键的原则。

（一）法律优先原则

法律优先原则要求政策制定者必须遵循上位法的规定，确保政策不与现行法律相冲突。这一原则要求政策制定者在设计和实施政策时，必须以法律为最高准则，任何政策的出台都应在法律框架内进行，不得超越或违背法律的明确规定。

法律优先原则的核心作用在于维护法律的权威性和稳定性，同时兼顾政策的灵活性和时效性。首先，这一原则确保了政策制定不会损害法律的统一性和权威性，防止政策凌驾于群众之上，从而维护国家法治的严肃性。其次，法律优先原则为政策制定划定了明确的边界，政策只能在法律允许的范围内进行调整和创新，避免政策与法律之间的冲突，确保政策与法律在治理体系中协调一致。此外，这一原则还为政策制定提供了合法性基础，使政策在实施过程中能够获得公众的认可和支持，增强政策的执行效力。

在地方立法和政策制定中，法律优先原则具有重要的实践意义。它要求地方立法机关和政策制定者在面对复杂的社会问题时，必须首先考虑现行法律的规定，确保政策的合法性和正当性。例如，在制定地方性法规或政策时，立法机关需要审查其内容是否符合宪法、法律和行政法规的要求，避免政策越权或违法导致法律纠纷或社会矛盾。同时，法律优先原则为政策的灵活调整提供了空间，允许在法律框架内通过政策创新应对新情况、新问题，从而在维护法律稳定的同时，保持政策的适应性和时效性。

法律优先原则是区分政策与立法边界的重要原则之一，它不仅为政策制定提供了合法性依据，也为法律的稳定性和权威性提供了保障。通过遵循这一原则，地方立法机关和政策制定者能够在法律框架内灵活应对社会治理需求，实现政策与法律的良性互动，从而推动地方治理体系和治理能力现代化。

（二）权限法定原则

权限法定原则是指立法和政策制定必须在法律明确授权的范围内进行，任何立法或政策行为都不得超越法律赋予的权限。这一原则要求立法机关和政策制定者在行使权力时，必须严格遵循宪法、法律和行政法规的规定，确保其行为具有明确的法律依据。

权限法定原则的核心作用在于规范立法和政策制定的权力边界，防止权力滥用和越权行为。首先，这一原则通过明确立法和政策制定的权限范围，确保立法机关和政策制定者在法定职权内行事，避免权力扩张引发法律冲突或社会矛盾。其次，权限法定原则有助于维护法律体系的统一性和协调性，防止地方立法或政策与上位法相抵触，从而保障国家法治的统一性和权威性。此外，这一原则还为立法和政策的合法性提供了基础，确保其内容符合法律要求，增强公众对立法和政策的信任与支持。

在地方立法和政策制定中，权限法定原则具有重要的实践意义。它要求地方立法机关和政策制定者在面对具体问题时，必须首先明确自身的权限范围，确保其行为符合法律授权。例如，在制定地方性法规或政策时，立法机关需要审查其是否具有相应的立法权限，避免越权立法导致法律无效或撤销。同时，权限法定原则为政策制定提供了明确的边界，防止政策制定者超越职权范围，确保政策的合法性和正当性。在实践中，权限法定原则还要求立法机关和政策制定者加强与上位法的衔接，确保地方立法和政策与国家法律体系保持一致，避免权限冲突引发法律纠纷。

权限法定原则是区分政策与立法边界的重要原则之一，它不仅为立法和政策制定提供了明确的权限依据，也为防止权力滥用和越权行为提供了制度保障。通过遵循这一原则，地方立法机关和政策制定者能够在法定权限内行使权力，确保立法和政策的合法性、正当性和有效性，从而推动地方治理体系和治理能力现代化。

（三）稳定性原则

稳定性原则是指法律一旦颁布实施，除非经过严格的修订程序，否则不应轻易改变。这意味着立法应当追求长期有效性和相对固定性，为社会成员提供一个稳定的行为预期框架。相比之下,政策更侧重于适应快速变化的社会环境,能够及时响应新的挑战和需求,并且可以根据实际情况灵活调整。

建立稳定的法律秩序有助于形成有序的社会关系,减少不确定性带来的风险,促进经济和社会的发展。当人们相信法律不会频繁变动时,他们会更加信任政府,并愿意遵守法律规定,从而提高法律的执行效率。频繁修改法律法规会增加行政管理的成本,包括重新培训执法人员、更新宣传资料等,而稳定性的维持可以避免这些不必要的开支。

政策因其灵活性能够在短时间内对新出现的问题作出反应,例如,在应对突发公共卫生事件或自然灾害时,政府可通过临时性政策措施迅速解决问题,但事后应评估是否需要转化为长期法律制度。在地方立法实践中,稳定性原则要求立法者充分考虑法规的长远影响,避免因短期利益或政治压力仓促立法,尤其是涉及公民重大权益或需要长期稳定规制的问题,应优先通过立法解决,并确保法规具有足够的弹性和适应性。同时,应防止地方政府出于效率考虑用政策替代立法,以免造成法律真空或混乱,特别是在涉及公民基本权利或义务的情况下,应通过立法途径解决。此外,为实现政策目标并增强可操作性,政策内容应符合稳定性原则,只有经过深思熟虑、具备长期实用价值的政策才适合上升为法律。稳定性原则是区分政策与立法边界的基石,也是衡量地方立法质量的重要标准。未来,地方各级政府应更加重视稳定性原则的应用,确保每一项立法活动都能经得起时间考验,为推动全面依法治国贡献力量。

(四)普遍适用性原则

普遍适用性原则是指法律应当对整个社会成员普遍适用,具有广泛的约束力,不受特定个体或群体的影响。这意味着立法应当面向所有相关方,旨在构建一个公平、公正且适用于所有人的规则体系。相比之下,政策更多地针对特定领域或群体,其适用范围相对有限,可以根据实际情况进行调整。

普遍适用性原则的重要性从以下几个方面体现:普遍适用性的法律可以确保所有人受到同样的对待,保障公平正义,防止不同身份、地位等因素而产生差异化待遇。当人们相信法律面前人人平等时,他们会更加信任政府和社会制度,从而促进社会和谐稳定。统一的法律规定减少了不同地区或部门间法规冲突的可能性，简化了执法程序，提高了行政管理的效率。

政策因其灵活性能够在短时间内对新出现的问题作出反应，并且可以针对特定行业、区域或人群设计，例如，为扶持中小企业发展出台财政补贴政策，或为改善贫困地区民生采取定点扶贫措施，这类政策不需要具备普遍适用性，但应在目标明确的前提下合理规划。在地方立法实践中，普遍适用性原则要求立法者充分考虑法规的覆盖面，确保所立之法不仅适用于当前情况，还能在未来持续有效，尤其是涉及公民重大权益或需要长期稳定规制的问题，应优先通过立法解决，并确保法规涵盖所有相关方，避免遗漏或歧视。

（五）程序性原则

程序性原则是指立法必须经过一系列严格规定的步骤和环节，包括提案、讨论、审议、表决、签署和公布等。这些程序保障了科学立法、民主立法等原则落到实处，相比之下，政策制定更为简洁和灵活。

完善的程序可以使不同利益相关方能够参与立法过程，提高立法的代表性和全面性。通过多轮审议和广泛征求公众意见，可以发现并修正草案中的问题。对于需要快速响应的问题，可先行发布政策暂时处理，但应及时启动立法程序，将行之有效的政策条款转化为法律规定。在政策向法律转化的过程中，必须确保政策内容符合程序性原则，只有经过充分论证、具备长期实用价值的政策才适合上升为法律。程序性原则是区分政策与立法边界的基石之一，不仅是衡量地方立法质量的重要标准，也是保障社会秩序和公众利益的关键所在。

三、实践中的挑战与对策

我国各地区的发展存在差异，地方立法作为国家治理体系的一部分的重要性日益凸显。然而，在实践中，政策与立法之间的界限不够清晰，存在一定的交叉与重叠，这种模糊性不仅可能导致两者的混淆，还可能对地方立法的权威性和实施效果产生负面影响，并逐步侵蚀地方法治建设和法规的公信力。[1] 因此，清晰界定政策与立法的边界，对于提高地方立法的科学性、规范性和实效性具有重要的现实意义。

---

〔1〕 冯向明：《论地方性法规的时效性与立法后评估》，载《安康学院学报》2019 年第 2 期。

（一）挑战

第一，政策与立法内容交叉重叠，难以清晰划分。政策与立法的内容出现交集，尤其是在涉及社会经济发展的重大议题时，如环境保护、城市规划等。这种情况下，政策文件可能包含原本应由立法规定的具体内容，而法律法规也可能涵盖了某些可以由政策灵活调整的部分。这不仅增加了区分两者的难度，也容易造成执行上的混乱。

第二，地方特色与全国统一标准之间的平衡难题。地方政府在制定政策或进行地方立法时，需要兼顾本地实际情况和国家整体布局。一方面，地方特色决定了政策和法规必须具备一定的灵活性；另一方面，为了维护国家法制统一，又不能偏离中央政府设定的基本框架。这一矛盾使如何找到合适的平衡点成为一个棘手的问题。

第三，立法资源有限，难以满足所有政策转化为法律的需求。地方立法往往面临时间紧迫、专业人才不足等问题，难以满足所有政策转化为法律的需求，特别在一些新兴领域，如互联网金融、共享经济、无人驾驶等方面，由于缺乏足够的研究和实践经验，立法工作更显困难重重。

第四，公众参与度不高。尽管程序性原则强调了立法过程中的民主参与，但在实际操作中，公众参与度仍然较低。这主要是因为立法活动的专业性和复杂性较高，普通民众难以理解其中的技术细节，加上宣传不到位等，这些因素导致公民并不清楚如何参与立法过程。

（二）对策

第一，加强立法前评估，明确哪些内容适合通过立法固定下来，哪些可以通过政策手段解决。设立专门机构负责对拟立的法规和政策进行前期评估，明确哪些内容适合通过立法规制，哪些可以通过政策手段解决。评估应涵盖合法性、必要性、可行性和社会效益等多个维度，建立科学评估机制。引入第三方评价，鼓励独立智库和社会组织参与立法评估工作，提供客观公正的意见和建议，确保立法决策更加科学合理。

第二，构建科学合理的立法规划机制，统筹考虑地方特色与国家整体布局。地方立法规划应当充分考虑本地经济社会发展需求，同时遵循国家层面的宏观调控方向，避免出现“各自为政”的现象。加强部门间协作，建立跨部门协调机制，促进不同职能部门之间的信息共享和合作交流，共同推动地方立法工作的顺利开展。

第三，提高立法技术，注重法律法规之间的协调配合，避免出现冲突或空白地带。在立法过程中，要特别注意新法与旧法、上位法与下位法之间的关系，确保整个法律体系的一致性和连贯性。积极吸收其他国家和地区在相关领域的立法成果和技术手段，结合本国国情加以改进和完善。

第四，拓宽公众参与渠道。简化参与流程，通过网络平台、社交媒体等多种方式，降低公众参与立法的成本和门槛，让更多人能够方便快捷地提出自己的意见和建议。利用各种媒体资源普及法律知识，提高公民对立法重要性的认识，激发他们的积极性和主动性。

第五，强化监督机制。对于已经颁布实施的法律法规和政策文件，定期进行检查评估，发现问题及时整改。对于违反程序规定或未能履行职责的行为，依法追究责任，保证立法活动始终在法治轨道上运行。

在地方立法工作中正确处理好政策与立法的关系，不仅有助于提高立法质量和效率，还能更好地服务于经济社会发展大局。未来，随着我国法治建设的不断深入，地方立法将在保持自身特色的同时更加注重与国家层面法律法规的有效衔接，为推动全面依法治国贡献更大力量。

第三节　厘清政府、企业、行业之间的关系

随着中国法治建设的不断推进，地方立法作为国家治理体系的重要组成部分，扮演着越来越重要的角色。然而，在实际操作中，政府、企业和行业之间存在复杂的利益关联和互动模式，导致立法过程存在权责不清或协调不畅等问题。因此，明确三者之间的界限对于提升地方立法水平至关重要。

一、政府的角色定位

（一）政策制定者

政府是地方立法的主要发起者和推动者，负责根据国家方针政策和社会经济

发展需求，制定适合本地情况的法律法规。在这个过程中，政府需要综合考虑各方面因素，确保所立之法既符合国家整体战略布局，又能够有效指导地方实践。

在地方立法实践中，政府应依据国家经济和社会发展规划，结合地方实际情况，制定具有前瞻性和战略性的法规，引导地方经济健康发展，同时确保立法与政策的制定能够兼顾社会公平与环境保护等多重目标。在制定政策时，政府必须充分考虑不同群体的利益，尤其是弱势群体的需求，以促进社会公平正义，避免利益分配不均引发社会矛盾。此外，地方政府应当通过立法强化环境保护措施，确保经济发展与生态保护相协调，实现可持续发展目标，避免以牺牲环境为代价换取短期经济利益。为了使立法更加贴近民意并增强其可接受性和执行力，政府应广泛征求社会各界的意见，特别是受影响的企业和个人，保证立法过程公开透明，充分体现公众参与的原则。通过将宏观调控、社会公平、环境保护和公众参与有机结合，地方立法不仅能够有效引导经济社会的健康发展，还能在法治框架内实现多方利益的平衡，推动地方治理体系和治理能力现代化。

（二）市场监管者

政府承担着维护市场秩序的重要职责，通过立法手段规范市场主体的行为，防止不正当竞争和垄断行为的发生。同时，政府需要建立健全信用评价体系，对违规企业进行处罚，保护消费者权益。

在地方立法与政策制定中，政府应通过立法和行政手段打击垄断行为，保障市场的公平竞争环境，防止个别企业滥用市场支配地位损害其他经营者和消费者的合法权益，从而维护市场秩序和增强经济活力。同时，加强知识产权保护立法，保护创新者的合法权益，鼓励企业加大研发投入，提升创新能力，为经济高质量发展提供动力。针对新兴金融业态，如互联网金融等，政府应及时出台相关法规，完善金融监管体系，防范系统性风险，保障金融市场的稳定运行。此外，完善消费者权益保护立法，建立便捷高效的投诉处理机制，加大对假冒伪劣产品的查处力度，营造安全放心的消费环境，切实保障消费者的合法权益。通过反垄断执法、知识产权保护、金融监管和消费维权等多方面的立法与政策协同，政府能够构建一个公平竞争、创新驱动、风险可控、消费友好的市场环境，为经济社会的可持续发展提供坚实的法治保障。

（三）公共服务提供者

政府还应当为企业发展提供必要的支持和服务，如优化营商环境、简化行政审批流程等。此外，政府可以通过财政补贴、税收优惠等方式鼓励企业创新和发展，提高整个行业的竞争力。

在优化营商环境方面，政府应通过简政放权进一步简化审批程序，减少不必要的行政干预，降低企业的制度性交易成本，同时提升政府服务水平，加快电子政务建设，推行"一站式"服务，为企业提供高效便捷的服务体验，从而营造更加便利的营商环境。在财税支持方面，政府可以通过财政补贴对符合国家战略方向的重点产业和技术领域提供研发资金支持、设备购置补贴等直接资助，并制定税收优惠政策，如高新技术企业所得税优惠、小微企业增值税减免等，减轻企业负担，激发市场活力。在人才引进方面，政府应出台吸引高端人才的地方政策，包括住房补贴、子女教育安排等支持措施，帮助企业吸引和留住优秀人才，同时支持职业技能培训机构的发展，为企业员工提供继续教育的机会，提高劳动力素质，为经济发展提供人才保障。在基础设施建设方面，政府应加大对交通基础设施的投资，改善物流条件，降低企业运输成本，并推进宽带网络覆盖，提升信息化水平，为数字经济的发展奠定基础。通过优化营商环境、财税支持、人才引进和基础设施建设等多方面的综合施策，政府能够为企业创造更加优越的发展条件，推动经济高质量发展和社会全面进步。

二、企业的责任与权利

（一）遵守法律法规

作为市场经济的主体，企业必须严格遵守地方立法的各项规定，确保其经营活动符合国家法律和地方性法规的要求，依法经营不仅是企业维护良好商业信誉的基础，也是实现长远发展的关键。例如，在环境保护方面，企业应严格遵守《环境保护法》及地方相关条例，主动减少污染物排放，积极采取绿色生产方式，推动可持续发展，为保护自然环境贡献力量。同时，企业除追求经济效益外，还应积极履行社会责任，包括保障员工福利、支持社区建设等，通过参与公益活动、慈善捐赠等方式回馈社会，提升公众形象力和社会认可度。在劳动权益保护方面，企业应严格遵循《劳动合同法》，为员工提供合理的工资待遇、安全的工作环境以及职业培训机会，促进和谐劳资关系的建立，增强员工的归属感和企业凝聚力。通过依法经营和履行社会责任，企业不仅能够树立良好的社会形象，还能在市场竞争中赢得更多信任与支持，为自身的可持续发展创造更加有利的外部环境。

(二)参与立法过程

企业在生产经营活动中积累了丰富的经验和专业知识，可以为地方立法提供宝贵的参考意见。因此，政府应当鼓励和支持企业积极参与立法咨询、听证等活动，使立法更加贴近实际需求，更具可操作性和实效性。例如，在制定行业标准或技术规范时，邀请行业内领先企业参与讨论，确保法规既能准确反映行业发展现状，又能前瞻性地引领未来趋势，从而为行业的健康发展提供科学的法律保障。

此外，企业在法规实施后还可以及时向政府部门反馈执行情况和遇到的问题，帮助立法者评估现有法律的有效性和适用性，为进一步完善法规提供建设性的建议。例如，针对新出台的经济政策，企业可以通过行业协会或直接向相关部门提交书面报告，详细反映政策对企业运营的具体影响，为政策的优化调整提供实践依据。通过积极参与立法咨询和反馈实施效果，企业不仅能够为地方立法的科学性和合理性贡献力量，还能在政策制定过程中表达自身诉求，推动形成更加公平、高效的法律环境，从而实现政府与企业的良性互动，共同促进经济社会的可持续发展。

(三)推动行业发展

优秀的企业不仅是经济发展的引擎，更是行业进步的引领者。它们可以通过技术创新、标准制定等方式带动整个行业的发展，实现互利共赢的局面。

卓越的企业不仅是推动经济增长的动力源泉，也是引领行业向前发展的先锋力量。首先，它们通过加大研发投入、引进先进技术等方式提升生产效率，降低生产成本，增强市场竞争力，推动行业技术升级换代，例如，信息技术产业中的大型科技公司不断推出创新产品和服务，带动整个行业快速发展。同时，龙头企业积极参与国家标准或国际标准的制定，将自身最佳实践转化为普遍接受的技术标准，从而在全球范围内推广中国的技术和产品，如华为在5G通信技术领域的贡献，不仅提升了我国在该领域的国际话语权，也带动了上下游产业链的发展。其次，企业应重视人才队伍建设，通过内部培训、校企合作等方式培养适应市场需求的专业人才，解决行业发展中的人才瓶颈问题，例如，制造业企业与职业院校联合开设定向培训班，互联网企业设立奖学金计划吸引优秀毕业生。最后，企业之间应加强合作，推进行业自律机制建设，通过签署自律公约、成立行业协会等方式约束不正当竞争行为，维护公平竞争的市场秩序，例如，食品加工企业共同承诺遵守严格的卫生标准，确保产品质量安全，营造健康有序的市场环境。

三、行业的自我管理和协作

（一）建立行业协会

行业协会是连接政府与企业的桥梁纽带，可以在信息交流、技术支持等方面发挥积极作用。成立行业协会，可以促进行业内部的沟通与协作，共同应对市场变化带来的挑战。行业协会不仅能够为企业提供政策解读、市场分析等服务，还可以组织行业培训、技术交流等活动，帮助企业提升竞争力。例如，在面临行业技术升级或市场转型时，行业协会可以组织专家团队为企业提供指导，推动行业整体水平的提升。此外，行业协会还可以代表行业与政府沟通，反映行业诉求，争取政策支持，为行业发展营造良好的外部环境。

（二）制定行业规范

为了维护公平竞争的市场环境，行业协会应积极组织会员单位制定并遵守行业规范，提高产品质量和服务水平。这些行业规范不仅可以补充和完善现行法律法规，还能为企业提供更具体的行动指南。例如，在食品加工行业，行业协会可以制定严格的卫生标准和生产流程规范，确保产品质量安全；在互联网行业，行业协会可以制定数据安全和用户隐私保护规范，推动行业健康发展。通过制定行业规范，行业协会不仅能够提升行业的整体形象，还能增强消费者对行业的信任，促进行业可持续发展。

（三）开展自律监督

行业协会还可以建立健全自律机制，对违反行规的企业进行批评教育或采取相应措施，从而增强行业的凝聚力和自律意识。例如，对于存在不正当竞争行为的企业，行业协会可以通过公开通报、限制会员资格等方式进行惩戒，维护行业秩序。同时，行业协会还可以设立奖励机制，表彰遵守行业规范、表现突出的企业，树立行业标杆。通过自律监督，行业协会不仅能够提升行业的整体素质，还能增强行业的社会责任感和公信力，为行业的长期发展奠定坚实基础。

四、构建科学合理的法律框架

（一）明确权责边界

在地方立法中，应当清晰界定政府、企业与行业各自的权利和责任，避免出现越位或缺位的情况。例如，政府主要负责宏观调控和市场监管，制定行业发展的政策框架；企业在遵守法律规定的基础上享有自主经营的权利，承担相应的社会责任；行业协会则侧重于行业内部的协调和服务工作，推动行业自律和规范发展。通过明确权责边界，可以避免职责不清导致的推诿或冲突，确保各方在法律法规的框架内各司其职、协同合作。

（二）加强协作配合

政府、企业与行业之间应当形成良性互动的关系，通过定期会晤、信息共享等方式增进了解和信任。特别是涉及重大改革或政策调整时，各方应协商，寻求最大公约数，确保政策的有效性和可操作性。例如，在制定地方产业发展规划时，政府可以邀请行业协会和企业代表参与讨论，充分听取各方意见，确保政策内容既符合国家战略方向，又能满足地方实际需求。通过加强协作配合，可以形成政府引导、企业主体、行业支持的良性发展格局，推动地方经济社会的协调发展。

（三）促进社会共治

除政府主导外，还应该充分调动社会各界的力量参与地方立法工作。例如，邀请专家学者、社会组织等参与立法调研、论证等活动，广泛征求公众意见，使立法过程更加公开透明，体现民主精神。社会共治不仅可以增强立法的科学性和民主性，还能提高公众对法律的认同感和遵守意愿。例如，在制定环境保护相关法规时，可以邀请环保组织、社区居民等参与讨论，确保法规内容既符合专业要求，又能反映群众诉求。这种多元参与的立法模式不仅能够提升法规的质量，还能增强社会的凝聚力和向心力。

第四节　明确地方性法规立法的目的和指导思想

一、立法目的设定的意义

（一）为立法活动提供方向指引

立法目的是指通过制定法律法规所希望实现的目标或预期效果，它为整个立法活动提供了根本的方向指引。明确的立法目的不仅能够帮助立法者聚焦核心问题，避免偏离主题，还能确保所立之法具有针对性和实效性，从而更好地解决社会问题。

第一，立法目的的设定能够帮助立法者集中精力解决最紧迫和最重要的问题。以《金华两头乌猪产业发展促进条例》的制定为例，明确立法的目的是保护、传承和发展金华两头乌猪这一独特的地方品种资源，而不是陷入无关紧要的细节讨论。这种聚焦能力使立法活动更加高效，确保法律能够精准回应社会需求。通过明确保护与发展的核心目标，立法者可以更有针对性地设计相关制度，如品种保护机制、产业扶持政策和文化传承措施，从而避免资源的浪费和方向的偏离，切实推动金华两头乌猪的保护与可持续发展。这种以目标为导向的立法方式，不仅提升了立法效率，也增强了法律的实用性和可操作性，使其更好地服务于地方经济、文化和生态的综合发展。

第二，提高立法效率。当立法者清楚地知道要实现什么样的目标时，他们可以更有效地规划立法步骤，选择适当的法律工具，并合理分配资源，从而加快立法进程，减少不必要的争论和修改。例如，在制定《金华市海绵城市规划建设管理条例》时，明确的立法目的可以帮助立法者快速确定需要规范的重点领域，如雨水收集与利用、城市防洪排涝、生态保护等核心问题。通过聚焦这些关键领域，立法者能够有针对性地设计相关制度，如明确海绵城市建设的技术标准、管理责任和激励机制，避免在无关紧要的细节上耗费过多时间和精力。这种目标导向的立法方式不仅能够加快立法进程，还能确保法律内容的科学性和可操作性，从而更高效地推动海绵城市建设的实施，提升城市应对气候变化和自然灾害的能力，促进城市可持续发展。

（二）增强法律权威性和执行力

立法目的的明确不仅对立法者具有重要意义，也对法律的实施和公众的接受度产生深远影响。当公众清楚地了解某项法律的立法目的时，他们更容易理解和支持该法律，并自觉遵守相关规定，从而增强法律的权威性和执行力。

第一，促进公众理解与支持。以《金华两头乌猪产业发展促进条例》为例，如果公众明确知道该法律的立法目的是保护、传承和发展金华两头乌猪这一独特的地方品种资源，他们就会更深刻地理解法律的意义和价值，从而更积极地支持相关政策的实施。例如，养殖户会自觉遵守品种保护的规定，消费者会更愿意购买和推广这一地方特色产品，社会各界也会更加关注和支持金华两头乌猪的文化传承与产业发展。这种广泛的理解和支持不仅能够提升法律的权威性和执行力，还能达成社会共识，减少法律实施过程中的阻力，进一步推动金华两头乌猪的保护与可持续发展。同时，公众的参与和支持也有助于营造良好的法治氛围，增强社会凝聚力，为地方经济、文化和生态的协调发展奠定坚实基础。

第二，树立政府形象。立法目的公开透明还可以展示政府解决问题的决心和能力，提升政府在人民心中的公信力，进一步巩固法治社会的基础。以《金华两头乌猪产业发展促进条例》为例，通过明确立法目的并公开宣传，政府向公众传递了保护地方特色资源、促进农业可持续发展的坚定决心。这不仅让人民看到政府在积极行动，解决实际问题，还增强了人民对政府的信任感和认同感。例如，政府在立法过程中广泛征求公众意见，公开立法目标和具体措施，展示了其开放、透明和负责任的态度。这种公开透明的做法不仅有助于提升政府的公信力，还能激发公众的参与热情，形成政府与人民之间的良性互动。同时，通过立法保护金华两头乌猪这一地方特色资源，政府也向外界展示了其对文化遗产和生态保护的重视，进一步树立了负责任、有担当的形象。这种形象的树立不仅有助于巩固法治社会的基础，还能为地方经济社会发展营造良好的外部环境，吸引更多社会资源和外部支持，推动金华两头乌猪产业的繁荣和地方经济的可持续发展。

（三）促进社会公平正义

合理的立法目的可以确保法律制度的设计充分考虑各方利益，尤其是弱势群体的权益,从而实现社会公平正义,推动经济社会健康发展。立法不仅是规范社会行为的工具,更是平衡利益、维护公平的重要手段。通过明确立法目的,可以在复杂的利益关系中找到平衡点,减少冲突和摩擦,促进社会和谐与稳定。

第一,合理的立法目的能够确保法律制度的设计充分关注弱势群体的利益,避免他们在社会竞争中处于不利地位。例如,在制定劳动法时,明确的立法目的可以帮助立法者重点关注劳动者的权益保护,如最低工资标准、安全的工作环境、社会保障等,从而避免劳动者在劳动关系中受到不公平对待。这种对弱势群体的保护不仅体现了法律的公平性,也有助于缓解社会矛盾,促进社会和谐。

第二,平衡不同利益关系。立法过程往往涉及多种利益主体之间的博弈,如政府、企业、公民等。明确的立法目的可以帮助立法者在不同的利益诉求之间找到平衡点,达成共识,减少冲突和摩擦。例如,在制定环境保护相关法律时,立法者需要在经济发展与生态保护之间找到平衡。明确的立法目的可以帮助立法者设计出既能促进经济增长又能保护生态环境的法律制度,如通过设立环保税收、补贴绿色产业等方式,实现经济发展与环境保护的双赢。

第三,促进社会公平正义。立法目的的设定应始终以促进社会公平正义为核心。例如,在教育领域,立法者可以通过明确“保障教育公平”的立法目的,设计出更加公平的教育资源分配机制,确保每个孩子都能享有平等的受教育机会。这种对公平正义的追求不仅能够提升社会的整体幸福感,还能为经济社会的健康发展奠定坚实基础。

二、指导思想确立的作用

(一)体现政策导向

指导思想是指立法过程中遵循的基本原则和价值取向,它反映了当前政府的主要政策和治理理念。确立正确的指导思想,可以保证地方立法与国家方针政策保持一致。指导思想的确立不仅是立法工作的灵魂,也是连接国家政策与地方实践的重要桥梁。

第一,统一全国法制框架。指导思想的确立有助于地方立法与国家整体战略布局保持一致,确保地方性法规不偏离宪法和其他上位法的规定,维护全国法制的统一性。例如,在制定地方性法规时,如果指导思想明确强调“依法治国”和

"绿色发展",地方立法者就会在法规设计中严格遵循宪法和环境保护法的相关规定,确保地方立法与国家法律体系无缝衔接。这种统一性不仅能够避免法律冲突,还能增强法律的权威性和执行力,为全国法治建设提供坚实基础。

第二,适应本地特色需求。指导思想应充分考虑地方经济社会发展的实际情况,反映地域特色和群众需求,使立法更具针对性和可操作性。例如,在沿海地区,可以确立"海洋经济"或"港口发展"的指导思想,推动地方立法围绕海洋资源开发、港口物流体系建设等内容展开,促进区域经济的高质量发展。而在山区,则可以强调"生态保护"或"农业现代化"的指导思想,通过立法推动生态环境保护、特色农业产业发展,实现生态与经济的双赢。这种因地制宜的指导思想不仅能够满足地方发展的实际需求,还能增强地方立法的实用性和可操作性,使其更好地服务于地方经济社会发展。

(二)规范立法行为

指导思想不仅是立法工作的方向指引,也是规范立法行为的重要工具,能够有效防止立法过程中的偏差和失误,确保立法活动的科学性和公正性。

第一,设定行为准则。明确的指导思想为立法活动设定了基本的行为准则,要求立法者在起草、审议等各个环节都要严格遵守相关要求,确保立法过程公开透明、民主参与,提高立法质量。例如,在制定地方性法规时,如果指导思想强调"以人民为中心"和"绿色发展",立法者就需要在起草过程中广泛征求公众意见,确保法规内容充分反映群众需求;同时,在审议环节中,立法者还应严格遵循环境保护的相关规定,确保法规符合绿色发展理念。这种规范化的立法行为不仅能够增强立法的科学性和民主性,还能提高法规的可操作性和社会接受度。

第二,指导思想还可以避免立法者因个人偏好或短期利益作出不当决策,保证立法活动始终围绕着长远发展目标和社会公共利益展开。例如,在制定经济发展相关法规时,如果指导思想明确强调"可持续发展"和"社会公平",立法者就会避免单纯追求经济增长而忽视环境保护或社会公平,确保法规内容兼顾经济、生态和社会的协调发展。这种对立法偏差的预防作用不仅能够保证立法的公正性和科学性,还能增强法规的长期适用性,为地方经济社会的可持续发展提供坚实的法律保障。

（三）协调多方关系

指导思想在立法过程中不仅为立法行为提供了准则，还能够帮助厘清政府、企业和社会之间的关系，促进各方协同合作，共同推动地方经济社会发展。通过确立明确的指导思想，立法者可以在复杂的利益关系中找到平衡点，协调不同主体的诉求，减少冲突和摩擦，形成合力，实现社会公共利益的最大化。

第一，明确各方角色与责任。指导思想的确立有助于明确政府、企业和社会在地方经济社会发展中的角色与责任。例如，政府作为政策制定者和监管者，需要在立法中体现引导和监督的职能；企业作为经济活动的主体，需要在法律框架内承担社会责任；社会公众作为利益相关者，需要通过参与立法过程表达诉求。通过明确各方的角色与责任，指导思想能够为立法提供清晰的框架，避免权责不清导致推诿或冲突。

第二，促进协同合作。指导思想的确立还能够促进政府、企业和社会之间的协同合作。通过明确共同的目标和价值取向，各方可以在立法过程中达成共识，减少分歧，增强合作意愿。例如，在涉及公共利益的法律制定中，指导思想可以帮助各方认识到合作的重要性，从而在资源分配、政策实施等方面形成合力，共同推动地方经济社会的可持续发展。

第三，平衡利益关系。立法过程往往涉及多方利益的博弈，如经济发展与环境保护、短期利益与长期利益等。通过确立明确的指导思想，立法者可以在不同利益诉求之间找到平衡点，避免利益冲突导致立法僵局。例如，在处理经济发展与环境保护的关系时，指导思想可以帮助立法者设计出既能促进经济增长又能保护生态环境的法律制度，实现经济与生态的双赢。

三、设定立法目的和指导思想的方法

（一）立足本地实际

地方立法应紧密结合当地经济社会发展现状，充分考虑地域特色和群众需求，使地方规范更具针对性和可操作性。地方立法不能脱离实际，必须扎根于本地的自然条件、经济基础、文化传统和社会结构，确保立法内容能够切实解决地方问题，满足群众需求。例如，针对特定地区的环境问题，可以设立“改善生态环境，建设美丽家园”的立法目的，通过制定具体的环境保护措施，推动地方生态环境的改善。同时，立法目的和指导思想的设定还应关注地方特色产业的发展需求，如针对农业大省可以强调“农业现代化”和“乡村振兴”，针对工业发达地区则可以突出“产业升级”和“科技创新”。这种立足实际的立法方法不仅能够增强法规的实用性，还能提高公众的认同感和支持度。

（二）紧跟时代步伐

随着社会发展和技术进步，新的挑战和机遇不断涌现。地方立法应当及时反映这些变化，确立适应新形势的立法目的和指导思想。例如，在数字经济蓬勃发展的背景下，可以围绕“促进数字经济发展，保障数据安全”来制定相关法规，推动地方经济数字化转型。同时，面对气候变化、人口老龄化等全球性挑战，地方立法也应积极回应，确立“绿色低碳发展”或“健康老龄化”等指导思想，确保立法内容与时俱进。紧跟时代步伐的立法方法不仅能够增强法规的前瞻性，还能为地方经济社会发展提供有力的法律保障。

（三）借鉴国际经验

积极吸收其他国家和地区在类似领域的立法成果和技术手段，结合本国国情加以改进和完善，确保地方立法既符合国际标准又具备中国特色。例如，在知识产权保护方面，可以参考国际通行做法，确立“鼓励创新创造，保护知识产权”的指导思想，推动地方创新驱动发展。在环境保护方面，可以借鉴发达国家的经验，制定严格的环保标准，建立监管机制，提升地方生态环境治理水平。借鉴国际经验的立法方法不仅能够提高地方立法的科学性和先进性，还能增强地方在国际竞争中的软实力。

（四）广泛征求民意

立法目的和指导思想的确立离不开社会各界的支持和参与。通过网络平台、社交媒体等多种方式，降低公众参与立法的成本和门槛，让更多人能够方便快捷地提出意见和建议，使立法更加贴近民心民意。例如，可以通过线上问卷调查、公众听证会、社区座谈会等形式，广泛收集群众对立法目的和指导思想的看法，确保立法内容充分反映社会各界的诉求。广泛征求民意的立法方法不仅能够增强立法的民主性和透明度，还能提高公众对法律的认同感和遵守意愿。

明确地方性法规的立法目的和指导思想是地方立法工作的一项重要内容，它直接关系地方经济社会的发展质量和效率。面对复杂多变的社会环境，我们需要从制度设计、技术支持以及社会动员等多个方面入手，采取切实有效的措施加以应对。只有这样，才能构建起一个科学合理的法律框架，确保立法工作既符合国家整体战略布局，又能有效指导地方实践，为实现全面依法治国贡献智慧和力量。通过立足本地实际、紧跟时代步伐、借鉴国际经验和广泛征求民意，地方立法能够更好地服务于地方经济社会发展，为实现社会公平正义和可持续发展提供坚实的法律保障。

第二章　立法前准备工作

第一节　立法前评估

一、立法前评估概述

立法前评估是在正式启动立法程序之前，对拟议的法律项目进行的一次全面、系统的评价活动。这项评估旨在从多个维度分析立法项目的必要性、可行性以及其主要制度的合法性、科学性和可操作性，预测法律法规实施后的预期效果和社会影响。通过这一过程，立法机关可以获得更为科学合理的决策依据，进而确定是否将该立法项目纳入立法规划或计划。[1]

立法前评估的作用类似一个“筛选器”或“过滤网”，能够有效过滤那些没有必要、不可行或者不适合通过立法解决的问题。这不仅有助于提高地方立法的针对性和效率，还能减少立法过程中的试错成本，节约宝贵的立法资源。此外，立法前评估还可以为立法机关提供详细的背景资料和数据支持，帮助其更好地理解立法项目的潜在影响，从而作出更加明智的决策。

二、评估内容

（一）必要性评估

立法必要性评估是立法前评估的起始环节，核心宗旨在于判定是否有必要借助立法途径来应对某一社会问题或管理漏洞。（1）问题识别：评估当下是否存在

〔1〕　易有禄：《税收立法前评估：评估什么与如何评估》，载《税务研究》2014 年第 9 期。

需要借助立法来解决的社会问题或管理上的漏洞。例如,在金华两头乌猪产业发展中,是否存在品种保护不力、市场竞争力不足、产业链不完善等问题,通过对问题的辨识,能够明确立法在现实层面的需求。(2)现有法律空白:评估现行法律法规是否已经覆盖相关问题,是否存在法律空白或规定不够明确的情况。例如,现行《畜牧法》或《农产品质量安全法》是否已经对金华两头乌猪的品种保护和市场推广作出了明确规定,是否需要进一步细化或补充。(3)社会需求:评估社会各界对立法需求的迫切性,是否有大量的利益相关者对立法表示支持。通过开展调研、发放问卷调查、组织座谈会等多种方式,了解政府、企业、养殖户、消费者等各方对金华两头乌猪产业立法的态度和期望。

(二)可行性评估

立法可行性评估是指从经济、技术、社会等方面评估立法是否具备实施条件。(1)经济可行性:评估立法实施所需的经济成本,包括政府财政支出、企业合规成本等,是否在可承受范围内。例如,金华两头乌猪的品种保护和市场推广是否需要大量的财政投入,地方政府是否有足够的财力支持。(2)技术可行性:评估实施立法所需的技术条件是否具备。例如,金华两头乌猪的品种检测技术、生态养殖技术、加工工艺等是否成熟,能否达到立法所设定的标准。(3)社会可行性:评估立法是否符合社会公众的期待,判断其是否会引发较大的社会争议或导致公众产生抵触情绪。例如,就金华两头乌猪的养殖户而言,要分析他们对新的养殖标准和市场推广要求的接受意愿;从消费者角度出发,要评估他们对相关产品的信任程度和认可情况。

(三)合法性评估

合法性评估是确保立法符合宪法和法律要求的重要环节。(1)宪法合规性:着重评估立法是否与宪法所体现的精神以及具体规定相符合,审视其是否存在与宪法所保障的公民权利和义务相矛盾之处。例如,宪法规定公民享有从事农业生产的权利,立法应基于此对该权利进行更为细致的阐释与切实的落实,以确保公民权利得到充分保障。(2)上位法一致性:评估立法是否与上位法(如《农业法》《畜牧法》等)保持一致,是否存在超越上位法授权范围的情况。例如,金华两头乌猪的品种保护制度是否与《畜牧法》中的相关规定相冲突。(3)国际条约和协定:评估立法是否符合我国签署的国际条约和协定的要求,是否存在与国际义务相冲突的情况。例如,金华两头乌猪的市场推广是否符合国际贸易规则,是否影响我国农产品的国际声誉。

(四)合理性评估

合理性评估主要从逻辑一致性、可操作性和公平性等方面评估立法是否合理。(1)逻辑一致性:评估立法中各个条款之间是否逻辑连贯、协调统一,仔细排查是否存在相互矛盾、冲突的情况。例如,金华两头乌猪的品种保护制度与市场推广制度是否能够有效衔接,避免出现品种保护不力但市场推广过度的情况。(2)可操作性:评估立法条款是否具有可操作性,是否能够在实践中得到有效执行。例如,金华两头乌猪的品种保护制度是否能够在基层得到有效落实,养殖户是否能够按照要求进行品种登记和遗传资源检测。(3)公平性:评估立法是否公平对待所有利益相关方,避免出现对特定群体施加不合理负担或歧视的情况。例如,金华两头乌猪的市场推广政策是否对小型养殖户造成不公平的竞争压力。

(五)经济和社会影响评估

经济和社会影响评估是立法前评估的重要内容,旨在评估立法对经济、社会和环境的影响。(1)经济效益评估:评估立法对经济发展的影响,是否能够促进金华两头乌猪产业的增长,是否对相关行业产生积极或消极的经济影响。例如,立法是否能够提升金华两头乌猪的市场竞争力,增加养殖户的收入。(2)社会效益评估:评估立法对社会的影响,是否能够提升公众的生活质量,是否对解决诸如食品安全等社会问题有所助益。例如,需要评估立法是否能够有效提高金华两头乌猪产品的质量水平和食品安全。(3)环境影响评估:评估立法对生态环境的影响,是否有助于切实推动养殖污染的有效减少,是否有助于生物多样性的保护。例如,立法是否能够推广生态养殖模式,减少金华两头乌猪养殖对环境的负面影响。

(六)风险评估

风险评估是立法前评估的重要环节,其重要性在于对立法过程中潜在的各类风险进行识别与评估。(1)法律风险:评估立法行为可能引发的法律层面的风险,如是否可能引发法律纠纷或诉讼。例如,金华两头乌猪的市场推广政策是否可能引发不正当竞争的法律纠纷。(2)经济风险:评估立法可能带来的经济风险,如是否可能导致某些企业或行业陷入经营困难。例如,金华两头乌猪的品种保护制度是否对小型养殖户造成过大的经济负担。(3)社会风险:评估立法可能带来的社会风险,如是否可能引发社会不满或抗议。例如,金华两头乌猪的市场推广政策是否引起其他猪肉品牌的不满,加剧市场竞争。

(七)利益相关者分析

利益相关者分析是立法前评估的关键组成部分,其核心目的在于精准识别会受到立法影响的各方主体,并深入评估立法是否能够实现各方的利益平衡。具体来说,利益相关者分析主要涵盖以下主要内容:(1)利益相关者识别:识别立法可能影响的各方利益相关者,包括政府、企业、养殖户、消费者、环保组织等。(2)利益平衡:评估立法能否做到公平合理地平衡各方利益,仔细审视立法是否会对部分利益相关者造成不合理的损害。例如,金华两头乌猪的市场推广政策是否会对其他猪肉品牌造成不公平的竞争压力。(3)公众参与:评估立法过程中是否充分听取了利益相关者的意见,是否能够获得广泛的社会支持。例如,立法过程中是否通过座谈会、听证会等方式听取了养殖户、消费者等各方的意见。

(八)立法成本效益分析

立法成本效益分析是立法前评估的重要环节,旨在评估立法的经济合理性。成本分析,指评估立法实施所需的直接和间接成本,包括政府监管成本、企业合规成本、社会执行成本等。效益分析,指评估立法实施后对经济、社会、环境等领域所产生的效益展开评估,判断其能否达成预期的政策目标。具体而言,就是考量立法在推动经济发展、维护社会稳定、保护生态环境等方面所起到的作用。成本效益比,指综合评估立法的成本与效益,判断立法是否具有经济合理性。例如,金华两头乌猪的品种保护制度是否能够在合理的成本范围内实现预期的保护效果。

(九)国际经验借鉴

国际经验借鉴是立法前评估的重要内容,旨在通过借鉴其他国家的立法经验,提升立法的科学性和有效性。(1)国际比较:评估其他国家或地区在类似领域的立法经验,是否可以为金华两头乌猪产业的立法提供借鉴。例如,其他国家在地方特色农产品保护和推广方面的立法经验。(2)最佳实践:评估国际上的最佳实践,是否可以在立法中加以借鉴和应用。例如,其他国家在农产品品牌建设和市场推广方面的成功经验。

三、评估原则

(一)客观真实原则

客观真实原则是立法前评估的基础。在整个评估进程中,唯有依托真实、准确的数据以及完备的信息,才能够得出精准、可信的评估结论。为切实保障客观真实原则得以贯彻执行,评估主体应坚守中立立场,不受任何利益集团的干扰和影响,以公正的立场开展评估工作。同时,评估过程中应广泛收集相关资料和数据,通过实地调研、专家咨询等方式,获取第一手资料,确保评估依据的充分性和准确性。

在立法前评估的具体实施过程中,客观真实原则要求评估人员深入基层一线,切实了解实际情况,精准把握社会现实需求和各方面的利益诉求。评估人员要坚决避免主观臆断和片面认识,确保评估结论的客观性和真实性。所撰写的评估报告应当严格基于客观事实和翔实数据展开深入分析,杜绝出现夸大或缩小事实的情况,从而保障评估结果真实地反映立法的实际影响和效果。此外。在评估过程中还应高度重视数据的收集和分析工作,合理运用科学的评估方法和工具,对立法可能产生的各种影响进行全面、系统的评估,进而保证评估结果的准确性和可靠性。

(二)民主参与原则

民主参与原则在立法前评估占据核心地位。鉴于立法工作涉及众多社会利益和个人权益,因此必须广泛听取社会各界的意见和建议,确保法规的公正性。民主参与原则要求评估主体在评估过程中广泛收集公民、法人及其他组织的意见与建议,通过问卷调查、座谈会、听证会等方式,了解公众对立法项目的需求和期望。

(三)公开透明原则

公开透明原则是立法前评估的保障。评估工作的公开透明有助于增强公众对评估结果的信任和支持,同时能对评估工作的公正性和客观性起到切实的监督作用。公开透明原则要求评估主体在评估过程中及时公布评估方案、评估过程和评估结果,接受社会监督。

在立法前评估中,公开透明原则要求评估主体通过各种渠道公开评估信息,包括评估小组的组成、评估方案的制定、评估工作的开展、评估报告的起草和修改等。同时,评估主体还应积极回应公众对评估工作的关切和质疑,及时解答公众的问题,增强公众对评估工作的信任和支持。[1] 此外,评估主体应构建完善的监督机制,对评估的整个流程以及最终结果实施监督与核查,保证评估工作的质量和效果。

四、评估方法

立法前评估存在多种多样的方法,根据评估内容、评估对象和评估阶段的不同而有所差异。以下是一些常见的评估方法。

社会调查法:通过问卷调查、实地考察、访谈等方式,广泛收集与立法项目相关的数据和信息。这种方法能够直观地掌握公众对立法项目的诉求和期望,从而为评估工作提供充实的实证材料。

专家咨询法:邀请相关领域的专家、学者进行咨询和论证,利用他们的专业知识和经验对立法项目进行深入剖析和评价。这种方法能够提高评估的专业性和准确性。

系统评价法:将立法项目看作一个系统,从系统的角度出发,对项目的必要性、可行性、合法性和社会影响等多个方面进行全面的评价。这种方法能够揭示项目内部各要素之间的逻辑联系,为立法项目的评估提供具有系统性的分析视角。

比较分析法:将立法项目与国内外相关法律法规、政策文件等进行比较和分析,找出项目与其他相关内容的异同点、优势和不足之处。这种方法能够为评估提供丰富且有价值的参考依据,有助于提出科学合理、切实可行的建议和措施。

---

〔1〕 张淑兰、葛子涵:《五莲县:政务公开促发展,数据服务惠民生》,载《日照日报》2024年11月4日。

五、评估步骤

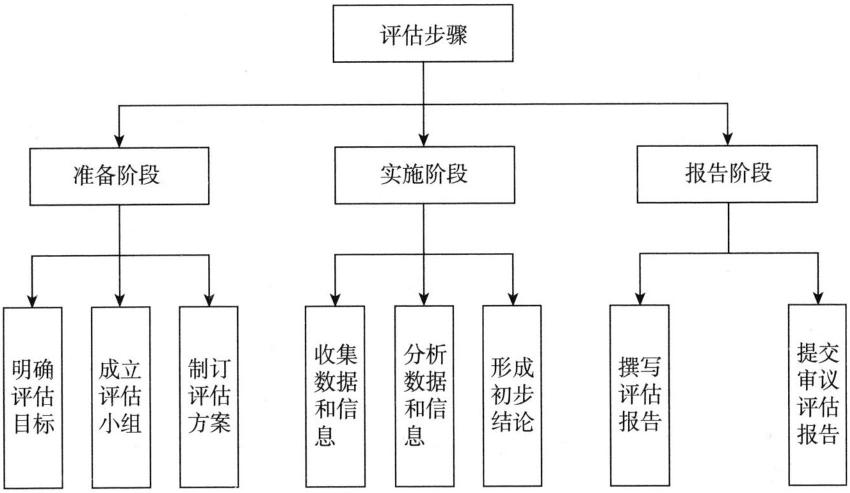

(一)准备阶段

明确评估目标:根据立法项目的实际需求和社会关切,明确评估的目的、范围和重点。所确定的评估目标应具备针对性,且在实际操作中切实可行,能够为后续的评估工作给予清晰且有效的指引。

成立评估小组:组建由相关领域专家、学者、法律工作者等组成的评估小组,评估小组负责具体组织实施评估工作。该评估小组应具备专业素养,且保持独立,以此保障评估结果的客观公正。

制订评估方案:根据评估目标,制订详细的评估方案,包括评估方法、评估步骤、时间安排和经费保障等内容。评估方案应具有科学性和可行性,能够为评估工作的顺利进行提供有力的保障。

(二)实施阶段

收集数据和信息:按照评估方案的要求,综合运用社会调查、专家咨询、文献研究等手段,广泛采集与立法项目相关的数据及信息。在收集过程中,着重关注数据的真实性与可靠性,保障评估所依据的数据充分且准确。

分析数据和信息:对所收集的数据及信息加以梳理整合,运用科学合理的评估手段,例如,系统评价法、比较分析法等,深入剖析立法项目在必要性、可行性、合法性以及社会影响等各方面的情况。在分析过程中,要兼顾问题的全面性与深入性,切实保障评估结果的准确可靠。

形成初步结论:依据数据分析结果,归纳出具有针对性的初步评估结论,并提出切实可行的建议。这些初步结论能为后续的工作提供清晰指引,同时,应充分听取各方面的意见和建议,对初步结论进行必要的修改和完善。

(三)报告阶段

撰写评估报告:将评估过程、评估结果和建议等内容整理成评估报告。评估报告应具有客观性、真实性和完整性,能够全面反映立法项目的情况和问题。同时,应注重报告的逻辑性和可读性,确保读者能够清晰理解评估结果和建议。

提交审议评估报告:将评估报告提交给相关部门和管理者进行审议。审议过程中应充分听取各方面的意见和建议,对评估报告进行修改和完善。最终确定的评估报告应作为立法决策的重要参考依据,为法规的制定提供坚实的支撑。

六、不可立项的标准

(一)不属于立法权限

地方立法权限外:在评估立法项目时,首先要明确其是否属于地方立法的权限范围。如果立法项目涉及的事项超出了地方立法的权限,或是与上级法律法规存在直接的抵触或矛盾,那么此类立法项目不宜立项。例如,地方立法不能涉及国家主权、外交、国防等中央专属立法事项。

与上位法冲突:在评估过程中,还需要检查立法项目是否与上位法(如宪法、法律、行政法规等)保持一致。若立法项目与上位法存在直接冲突或矛盾,那么该立法项目不应被批准立项。这要求评估人员具备扎实的法律知识,能够准确判断立法项目与上位法的关系。

(二)立法宗旨不符合方针政策

违背方针政策:立法项目的宗旨及目标应契合党和国家的基本方针政策。若立法项目与方针政策相背离,或者有引发社会不稳定因素的可能性,那么此类立法项目不应获得支持。评估时应重点考量立法项目是否符合当下社会发展的目标与方向,以及能否对维护社会稳定、推动经济社会发展起到积极作用。

（三）不符合实际需求

与经济社会发展不符：立法项目应当符合当地经济社会发展的实际情况和需要。若立法项目与当地经济社会发展规划背道而驰，或者无法有效应对当地面临的实际问题，那么这样的立法项目就不应立项。在评估过程中，要充分掌握当地经济社会发展的情况与需求，判断立法项目对实际问题的解决能力。

立法时机不成熟：立法项目的实施需要具备相应的条件和基础。如果立法时机尚未成熟，或者缺乏必要的立法条件（如法规依据、技术手段、资金保障等），那么这样的立法项目也应暂缓立项。在进行评估时，必须特别关注立法项目实施所要求的条件和基础是否已经具备。

（四）缺乏可行性和可操作性

技术可行性不足：立法项目的落地实施依赖于一定的技术条件。如果立法项目在技术层面存在难以克服的困难，或者实施成本过高，缺乏经济效益和社会效益，那么这样的立法项目就不应立项。在评估环节中，应重点考量立法项目的技术可行性，同时对实施立法的成本效益展开分析。

社会可行性不足：立法项目的实施还需要得到社会的广泛认同和支持。如果立法项目在社会层面难以得到广泛认同和支持，或者可能引发社会不稳定因素，那么这样的立法项目也应避免立项。在评估过程中，要着重关注立法项目的社会可行性，以及其可能带来的社会影响。

（五）重复立法或已有解决途径

重复立法：在对立法项目进行评估时，应留意其是否存在重复立法的情况。如果同类立法项目已经列入上级人民代表大会及其常务委员会、上级政府立法工作计划，或者国务院有关部门正在进行立法，那么该立法项目原则上不应再被列入地方政府的年度立法计划。如此可有效避免立法资源的浪费，防止立法成本不必要的增加。

已有解决途径：对于能够通过纪律、政策、道德和社会自治规范等方式解决的事项，或者已经通过计划、规划、技术标准和执法层面协调等其他方式得到有效解决的问题，也不应立项为立法项目。这有助于优化立法资源的配置，提高立法的针对性和实效性。

第二节 立法工作方案的拟订

一、立法工作方案的意义

（一）立法工作方案的概念

立法工作方案是指在一定时期内，针对特定领域或问题，为达到一定的立法目的而制订的工作计划。它不仅是立法活动的指南针，也是衡量立法工作成效的重要标准。一份科学且合理的立法工作方案，能够清晰确定立法的目标、准则、流程和手段，有利于整合各方资源，保障立法工作顺利开展。

（二）立法工作方案的作用

立法工作方案有如下几个方面的作用：(1)指导作用：立法工作方案明确了立法的目标和路径，为立法活动提供了方向。通过详细的工作计划，立法者能够更精准地把握立法过程中的重点与难点，从而保障立法工作有条不紊地推进。(2)协调作用：立法工作往往涉及多个部门以及众多利益相关方，立法工作方案中一般有详细的计划和分工，这样能够确保各方资源的有效整合和协调，避免资源浪费和工作重复。(3)评估作用：工作方案是衡量立法工作成果的关键参照。对立法工作的进展情况和实际效果进行定期评估，能够及时发现存在的问题，并作出相应调整，以此确保立法目标得以实现。

二、立法工作方案的主要内容

（一）确定立法目标

立法目标是立法工作的起点，清晰确定了立法的意图以及期望达成的成效。例如，解决某一社会问题、完善某一领域的法律法规体系等。目标应具体、可量化，避免过于笼统或模糊不清。具体来说，立法目标可以包括以下几个方面：(1)社会问题的解决：明确要解决的具体社会问题，如环境污染、食品安全等。(2)法律体系的完善：对特定领域的法律法规体系加以完善，填补法律空白，增强法律的系统性与完整性。(3)政策目标的实现:为国家重大政策目标,如创新驱动发展战略、可持续发展等提供支撑并确保其落地实施。

(二)确立立法原则

立法原则是用以指导立法工作的根本性准则,需要依据国家法律法规的基本准则,并结合具体实际情况加以确立。常见的立法原则涵盖了以下几个方面:(1)合法性原则:确保立法工作符合宪法和其他上位法的规定,不违背基本法律原则。这一原则要求立法内容必须在法律框架内进行,不得超越宪法和法律的授权范围。(2)合理性原则:立法内容应逻辑自洽、贴合实际,切实具备解决问题的能力,这一原则要求立法内容不仅要符合法律规定,还要符合社会发展的实际需要。(3)前瞻性原则:充分考虑未来可能的变化和发展趋势,保障法律法规具有一定的灵活性与适应性。该原则要求立法者在制定法律法规的过程中,不仅要处理好当下存在的问题,还应对未来可能涌现的新状况、新问题有一定的预判。

(三)规划立法内容

详细罗列需要制定或修订的法律法规的具体内容,包括但不限于对法律条文进行增加、删除、补充和修正等方面。内容应具体、明确,能够有效解决问题,促进社会发展。具体来说,立法内容可以包括以下几个方面:(1)法律条款的设计:明确每一项法律条款的具体内容,确保条款的准确性和可操作性。(2)法律责任的设定:明确规定违法行为的法律责任,确保法律的威慑力和执行力。(3)配套措施的制定:制定行政规章、实施细则等,确保法律的有效实施。

(四)制订工作计划

工作计划应包括立法项目的启动时间、各阶段的任务安排与时间节点以及完成时限等方面。其中,每个阶段的任务与时间节点都应清晰明了,以此保障整个立法进程有条不紊地推进。工作计划主要包含以下几个阶段:(1)需求调研阶段:借助问卷调查、开展座谈会、实施实地考察等途径,收集社会各界的意见和建议,了解立法需求。(2)方案设计阶段:基于调研结果,结合国家法律法规体系的整体布局,设计立法工作方案。(3)专家论证阶段:邀请法学专家、行业代表等对立法工作方案进行评审,确保方案的科学性和可行性。(4)征求意见阶段:向社会公开征求对立法工作方案的意见,以此提升立法工作的透明度,促进公众参与立法过程。(5)审批与执行阶段：把经过充分研讨并修改完善的立法工作方案报送至相关部门审批。

(五)组建工作团队

挑选具有相关专业知识和实践经验的人员组成立法工作小组，明确各自的职责分工。团队成员应拥有多学科背景，以此保障立法工作的全面性与专业性。工作团队的成员构成可涵盖以下类型：(1)法学专家：承担法律条款的设计工作，并开展法律问题的研究。(2)行业专家：负责行业背景和实际情况的分析。(3)政府官员：负责协调各部门的工作和政策对接。(4)社会学者：负责社会问题的研究和民意调查。

(六)建立评估与反馈机制

建立立法后评估机制，定期对法律法规的实施效果进行评估，并根据反馈进行调整和完善。评估机制应包括定期提交评估报告、广泛征集意见以及组织专家评审等关键环节。具体来说，评估机制可以包括以下几个方面：(1)定期报告：定期发布立法工作的进展情况和实施效果报告，向社会各界通报立法工作的最新动态。(2)收集意见：运用问卷调查、举办座谈会等形式，广泛征求社会各界对于法律法规实施效果的看法与建议。(3)专家评审：邀请法学专家、行业代表等对法律法规的实施效果进行评审，提出改进建议。

三、立法工作方案的制订流程

(一)需求调研

深入研究社会经济发展中的新情况、新问题，广泛听取社会各界的意见和建议。可以通过问卷调查、座谈会、实地考察等多种方式收集数据。需求调研是保障立法方案贴合实际、有效解决问题的根本所在。需求调研包括以下几个步骤：(1)确定调研的主体与范围：包括政府相关部门、专家学者、行业协会、社会组织以及公民等。(2)选择调研方法：根据调研对象的特点，选择合适的调研方法，如问卷调查、座谈会、实地考察等。(3)收集和分析数据:通过调研收集数据,并进行科学分析,找出问题的根源和症结所在。

(二)方案设计

基于调研结果,结合国家法律法规体系的整体布局,设计立法工作方案。在进行方案设计时,应全面考量立法的目标、遵循的原则、涵盖的内容以及实施的步骤,确保各项任务的可行性和科学性。具体来说,方案设计可以包括以下几个步骤:(1)明确立法目标:根据调研结果,明确立法的具体目标和预期效果。(2)确立立法原则:参照国家法律法规的基本原则,明确具体的立法准则。(3)规划立法内容:详细梳理需要制定或修订的法律法规的具体条款。(4)制订工作计划:包括立法项目的启动时间、各个阶段的任务分配与时间节点以及完成期限等。

(三)专家论证

邀请法学专家、行业代表等对立法工作方案进行评审,确保方案的科学性和可行性。专家论证能够挖掘出潜在问题,提出优化建议,提升立法方案的品质。专家论证的步骤如下:(1)组建专家团队:邀请法学领域的专业人士、相关行业的代表以及政府工作人员等构成专家团队。(2)召开论证会议:组织专家团队召开论证会议,对立法工作方案进行评审。(3)提出改进建议:根据专家的意见和建议,对立法工作方案进行修改和完善。

(四)征求意见

将立法工作方案向社会公开,征求意见,以此提升立法工作的透明度,促进公众参与。可通过举办公开听证会、利用网络平台以及接收书面意见等途径,收集来自社会各界的意见与建议。征求意见可以包括以下几个步骤:(1)发布征求意见公告:通过媒体、网络等渠道,发布征求意见公告,告知社会各界立法工作方案的内容和征求意见的时间和方式。(2)召开公开听证会:组织公开听证会,邀请社会各界代表参加,直接听取他们的意见和建议。(3)收集和整理意见:通过多种渠道收集社会各界的意见和建议,并对这些意见和建议进行梳理与汇总。

(五)审批与执行

将经过充分讨论和修改完善的立法工作方案提交给相关部门审批,批准后正式执行。在审批环节中,要保障方案的合法性与合理性,以推动立法工作顺利开展。具体来说,审批与执行主要包括以下几个步骤:(1)提交审批材料:将立法工作方案及相关材料提交给相关部门审批。(2)开展审批审查:相关部门对立法工作方案开展审查,确保其合法且合理。(3)批准执行:经审批通过后,正式执行立法工作方案,开展立法工作。

四、提高立法工作方案的科学性、可行性

(一)合理的目标设定

明确具体目标:立法目标应具体、可量化,避免过于笼统或模糊不清。具体来说,目标设定可以包括以下几个方面:(1)目标具体化:将立法目标具体化,明确每一项目标的具体内容和预期效果。(2)目标量化:将立法目标量化,确保目标具有可测量性和可操作性。

可行性分析:对设定的目标进行可行性分析,评估其是否能够在现有的资源和条件下实现。具体来说,可行性分析可以包括以下几个步骤:(1)资源评估:评估立法所需的资源,包括人力、物力、财力等。(2)条件分析:分析立法所需的条件,包括法律、社会、经济条件等。(3)风险评估:评估立法过程中可能遇到的风险,制定相应的应对措施。

(二)充分的前期准备

需求调研:深入研究社会经济发展的现状和趋势,识别并分析存在的问题和挑战。可以通过问卷调查、座谈会、实地考察等多种方式收集数据。需求调研是确保立法方案切合实际、解决问题的基础。

文献回顾:查阅国内外相关法律法规及研究成果,了解最佳实践和最新理论动态,为立法提供参考。具体来说,文献回顾可以包括以下几个步骤:(1)查找相关文献:通过图书馆、数据库等途径,查找与立法主题相关的法律法规、学术论文、研究报告等。(2)分析文献内容:对查找的文献进行详细分析,提取有用的信息和观点。(3)总结研究成果:总结已有研究成果,为立法工作提供理论支持和实践参考。

数据分析支持:利用统计和数据分析方法,对收集的信息进行科学处理,挖掘问题的本质与关键所在。数据分析涵盖以下步骤:(1)数据梳理:对采集的数据

进行整理归类,保障数据的完整和准确。(2)数据统计:借助统计方法,对数据进行统计分析,探寻问题的规律和特征。(3)数据解读:对统计数据进行解读,找出问题的根源和症结所在。

(三)广泛的协作参与

跨部门协作:立法工作往往涉及多个政府部门,需要建立有效的协调机制,以保障各部门间的沟通与合作能够顺利进行。跨部门协作主要包括以下几个方面:(1)搭建协调机制:设立跨部门的协调体系,保证各部门之间的信息交流与合作渠道畅通无阻。(2)明晰职责划分:清晰界定各部门的职责范围,确保每个部门都能切实履行自身的职责。(3)组织定期会议:按时召开协调会议,针对立法工作中出现的重大问题展开讨论,确保各部门之间的协调一致。

多方参与:邀请政府相关部门、专家学者、行业协会、社会组织以及公民等,征求多方面的意见和建议,以此保障立法方案具备广泛的代表性,获得社会的普遍认可。多方参与可以包括以下几个方面:(1)政府相关部门:听取政府相关部门的意见,确保立法方案符合国家政策和法律法规的要求。(2)专家学者:邀请法学专家、行业专家等提供专业的意见和建议,提高立法方案的科学性和可行性。(3)行业协会:听取行业协会的意见,确保立法方案符合行业发展的实际需要。(4)社会组织:征求社会组织的意见,保证立法方案可以切实维护弱势群体的合法权益。(5)公民:通过问卷调查、座谈会等方式,收集公民的意见和建议,增强立法工作的透明度和公众参与度。

(四)科学的方法论

风险评估:全方位地对立法可能产生的各类影响展开评估,涵盖经济、社会、文化等多个层面,从而能够预先采取相应的应对举措。风险评估主要包含以下步骤:(1)识别风险因素:识别立法可能带来的各种风险因素,如经济风险、社会风险、文化风险等。(2)评估风险程度:评估每种风险因素的风险程度,确定其可能产生的影响。(3)制定应对措施:根据风险评估结果,制定相应的应对措施,降低风险发生的可能性。

成本效益分析:计算立法的成本和预期收益,确保立法项目的经济效益和社会效益最大化。具体来说,成本效益分析可以包括以下几个步骤:(1)计算成本:

计算立法项目的直接成本和间接成本，包括人力成本、物力成本、时间成本等。(2)评估收益：对立法项目所能带来的预期收益进行评估，内容涵盖经济效益、社会效益以及环境效益等方面。(3)进行对比分析：将立法项目的成本与收益进行对比剖析，以保障立法项目实现经济效益与社会效益的最大化。

比较研究：借鉴其他国家和地区在类似问题上的立法经验，取长补短，避免重复错误。具体来说，比较研究可以包括以下几个步骤：(1)收集国际案例：收集其他国家和地区在类似问题上的立法案例，了解其在立法过程中的经验与教训。(2)分析案例特点：对收集的案例进行详细分析，提取有用的经验。(3)借鉴有益做法：根据分析结果，借鉴其他国家和地区的有益做法，避免重复错误。

（五）明确的立法原则

合法性原则：保证立法工作与宪法、其他上位法的规定相符，杜绝违背基本法律原则的情况。合法性原则具体涵盖以下几个方面：(1)尊崇宪法：确保立法内容契合宪法规定，不违反宪法的基本原则。(2)遵循上位法：保证立法内容遵照上位法的相关规定，不出现与上位法相抵触的情况。(3)尊重人权：确保立法内容充分尊重和保护公民的基本权利和自由。

合理性原则：立法内容应逻辑合理、契合实际，具备切实解决问题的能力。合理性原则主要涵盖以下几个方面：(1)逻辑相符：保证立法内容逻辑通顺，前后连贯，不存在自相矛盾的地方。(2)符合实际：确保立法内容符合社会发展的实际需要，能够有效解决问题。(3)促进发展：确保立法内容能够促进经济社会的发展，提高社会福祉。

前瞻性原则：充分考虑未来可能的变化和发展趋势，保障法律法规具有一定的灵活性与适应能力。前瞻性原则具体体现在以下几个方面：(1)预见未来：预见未来可能出现的新情况和新问题，确保法律法规能够适应未来的发展趋势。(2)预留空间：在法律法规中适当预留调整空间，保障其具有一定的灵活变通性和环境适应能力。(3)持续更新：依据社会经济发展过程中出现的新情况、新变化，及时对法律法规进行修正和补充完善。

（六）严格的程序控制

分阶段实施：把立法流程划分成多个阶段，每个阶段都设定清晰的目标与任务。分阶段实施主要涵盖以下阶段:(1)需求调研阶段:通过问卷调查、座谈会、实地考察等方式,收集社会各界的意见和建议,了解立法需求。(2)方案设计阶段:基于调研结果,结合国家法律法规体系的整体布局,设计立法工作方案。(3)专家论证阶段:邀请法学专家、行业代表等对立法工作方案进行评审,确保方案的科学性和可行性。(4)征求意见阶段:向社会公开征求对立法工作方案的意见,提升立法工作的透明度,促进公众参与立法过程。(5)审批与执行阶段:将经过充分讨论并修改完善的立法工作方案提交至相关部门审批。

资源配置:科学合理地安排人力、物力以及财力资源,保障立法各阶段任务都能获得有力支撑。具体来说,资源配置可以包括以下几个方面:(1)人力资源:合理调配人力资源,确保每个阶段的任务都有专人负责。(2)物力资源:合理调配物力资源,确保立法工作所需的设备和设施齐全。(3)财力资源:合理调配财力资源,确保立法工作所需的资金充足。

应急预案:制定应对突发事件的预案,确保在遇到不可预见的情况时能够迅速作出反应。应急预案主要涵盖以下几个方面:(1)风险识别:识别立法过程中可能遇到的各种风险,如政策变化、社会动荡等。(2)应对措施:制定应对风险的具体措施,确保在遇到突发事件时能够迅速作出有效反应。(3)应急演练:定期进行应急演练,提高应对突发事件的能力。

(七)专业的技术支持

专家咨询:邀请法学专家、行业专家等专业人士参与立法工作,为其提供专业的见解和技术层面的有力支持。专家咨询主要涵盖以下内容:(1)组建专家团队:邀请法学专家、行业专家等组成专家团队,为立法工作输送专业意见与技术支撑。(2)召开咨询会议:组织专家团队召开咨询会议,讨论立法工作中的重大问题,提供具有专业性的意见和切实的技术支持。(3)提供培训:对立法工作人员进行专业培训,提高他们的业务能力和技术水平。

技术手段:借助现代信息技术(如大数据、人工智能等),提升立法工作的效率与精准程度。具体而言,在技术应用方面包含以下几点:(1)大数据剖析:运用大数据技术,对立法工作所涉及的海量数据开展分析,为决策提供依据。(2)人工智能应用:利用人工智能技术,提高立法工作的效率和精准度。(3)信息化管理:建立信息化管理系统,提高立法工作的管理水平。

(八)严格的审查与评估

内部审查:设立专门的审查机构或团队,对立法草案进行严格审查,确保内容的合法性和合理性。内部审查主要涵盖以下几个方面:(1)组建审查队伍:设立专门的审查机构或团队,承担立法草案的审查职责。(2)确立审查标准:制定细致的审查标准,确保审查工作规范且科学。(3)进行审查:对立法草案进行严格审查,确保内容的合法性和合理性。

外部评估:邀请第三方机构或专家对立法方案进行独立评估,提供客观的评价和建议。外部评估包含以下几个要点:(1)筛选评估机构:挑选声誉较佳的第三方机构或者专家开展评估工作。(2)拟定评估标准:制定详尽的评估准则,保障评估工作的规范性与科学性。(3)进行评估:对立法方案进行独立评估,提供客观的评价和建议。

(九)动态的调整机制

持续监测:在立法实施过程中,建立持续的监测机制,定期收集反馈信息。持续监测主要包括以下几个方面:(1)建立监测机制:建立持续的监测机制,定期收集反馈信息,评估立法效果。(2)定期报告:定期发布监测报告,向社会各界通报立法工作的最新动态。(3)意见征集:通过问卷调查、座谈会等方式,收集社会各界对法律法规实施效果的意见和建议。

灵活调整:根据监测结果和实际情况,及时对立法方案进行必要的调整和优化,确保其始终契合实际需求。灵活调整主要涵盖以下几个方面:(1)剖析监测结果:对监测结果进行科学分析,找出立法在实施过程中所存在的问题。(2)调整优化:根据监测结果和实际情况,对立法方案进行必要的调整和优化,确保其始终符合实际需求。

(十)充分的宣传培训

宣传教育:通过媒体、网络等多种渠道,广泛宣传立法的目的、意义和主要内容,提升社会公众对立法的认知程度和接纳水平。宣传教育具体包括以下几个方面:(1)媒体推广:运用电视、报纸、网络等媒体平台,对立法的目的、意义以及主要内容进行大范围的宣传。(2)社会活动:组织各类社会活动,如讲座、论坛等,普及法律法规知识。(3)信息发布:通过政府网站、官方微博、微信公众号等渠道,及时发布立法工作的相关信息。

培训指导:对相关执法人员和从业人员进行培训,确保他们能准确理解并有效执行新的法律法规。培训指导涵盖以下几个方面:(1)制订培训计划:制订细致的培训计划,清晰界定培训的时间安排、具体内容以及实施方法。(2)组织培训活动:组织培训班、研讨会等活动,对相关执法人员和从业人员进行针对性培训。(3)提供指导手册:编写详细的指导手册,为相关人员提供法律法规的解释和操作指南。

五、确保立法工作方案的公正性

(一)推行立法立项专家论证制度

组织专家学者和业务骨干对立法项目进行科学论证,保障立法项目具备科学性与合理性。专家论证能够挖掘出潜在问题,并提出相应的改进建议,进而提升立法方案的整体质量。关于立法立项的专家论证,主要涵盖以下几个步骤:(1)组建专家团队:邀请法学专家、行业专家、政府官员等组成专家团队。(2)召开论证会议:组织专家团队召开论证会议,对立法项目进行科学论证。(3)提出改进建议:根据专家的意见和建议,对立法项目进行修改和完善。

(二)充分利用立法咨询专家库

吸纳各领域的专家就立法过程中遇到的问题进行深入讨论和研究,提供专业的意见和建议。专家库可以涵盖法学、经济学、社会学等多个领域,确保立法工作的全面性和专业性。具体来说,立法咨询专家库可以包括以下几个方面:(1)建立专家库:建立涵盖多个领域的专家库,包括法学、经济学、社会学等。(2)邀请专家参与:邀请专家库中的专家参与立法工作,提供专业的意见和建议。(3)定期交流:定期组织专家交流活动,分享最新的研究成果和实践经验。

(三)委托第三方机构进行立法质量评估

依据第三方机构独立的评估结论,立法者及时对立法内容作出必要的修改与完善,提升立法的品质。第三方评估能够给出客观、公正的评判,保障立法方案具有科学性和可行性。委托第三方机构进行立法质量评估可以包括以下几个步骤:

(1)选择评估机构:选择信誉良好的第三方机构进行评估。(2)制定评估标准:制定详细的评估标准,确保评估工作的规范性和科学性。(3)进行评估:对立法内容进行独立评估,提供客观的评价和建议。

(四)坚持民主立法原则

采用多种方式收集社会各界的意见和建议,充分考虑不同群体的利益,让公民的意见在立法过程中得到体现。民主立法有助于提升立法工作的透明度,增强公众参与度,提高立法方案的社会认可度。具体而言,民主立法涵盖以下几个方面:(1)公开听证会:组织社会各界代表参与,直接倾听他们的意见和建议。(2)征求意见:通过问卷调查、座谈会等方式,收集社会各界的意见和建议。(3)信息发布:通过媒体、网络等渠道,及时发布立法工作的相关信息,进一步提高立法工作的透明度。

(五)确保依法立法

所有法律的制定都应严格依照宪法的规定进行,不得与宪法相抵触,以此维护国家法制的统一。依法立法是保障立法方案具备合法性与权威性的基石。依法立法主要包含以下几个方面:(1)遵守宪法:确保立法内容符合宪法的规定,不违背宪法的基本原则。(2)遵循上位法:确保立法内容遵循上位法的规定,不会出现与上位法相冲突的情况。(3)尊重人权:确保立法内容尊重和保护公民的基本权利和自由。

六、立法工作方案实例:《金华两头乌猪产业发展促进条例》

(一)案例背景

在我国大力推进农业现代化的背景下,地方特色产业正日益成为拉动区域经济增长、助力乡村振兴的关键力量。金华两头乌猪作为浙江省金华市的特色农产品,具有悠久的历史和独特的品质,然而,当前金华两头乌猪产业在发展过程中遭遇了一系列的挑战,如品种保护不力、市场竞争力不足、产业链不完善等问题。为了更好地促进金华两头乌猪产业的可持续发展,提升其市场竞争力,金华市决定制定《金华两头乌猪产业发展促进条例》。

此次立法旨在解决当前金华两头乌猪产业发展中的突出问题,完善产业政策体系，增强产业竞争力，助力乡村振兴和农业现代化的实现。立法工作主要聚焦于以下几个方面：(1)强化品种保护：根据金华两头乌猪的品种特点，制定严格的保护措施，确保品种纯正和遗传资源的可持续利用。(2)完善产业链：优化养殖、加工、销售等环节的管理制度，提高产业链的科学性和有效性。(3)加大政策扶持：增加对金华两头乌猪产业的政策支持力度，提升产业发展的可持续能力。(4)推进品牌建设：贯彻落实国家乡村振兴战略，鼓励金华两头乌猪的品牌建设和市场推广，提升其市场知名度和竞争力。(5)促进公众参与：通过宣传教育和信息公开，增强公众对金华两头乌猪产业的认知，鼓励社会各界积极参与产业发展。

（二）立法目标

1. 解决社会问题

《金华两头乌猪产业发展促进条例》重点解决以下几个方面的社会问题：(1)品种保护不力：金华两头乌猪的品种资源面临流失和混杂的风险，影响了其独特品质和市场竞争力。该条例加强对品种资源的保护和遗传资源的可持续利用，确保品种纯正。(2)市场竞争力不足：金华两头乌猪的市场知名度和竞争力相对较弱，难以在与其他优质猪肉品牌的竞争中占据优势。该条例推动品牌建设和市场推广，提升其市场影响力。(3)产业链不完善：金华两头乌猪的养殖、加工、销售等环节存在脱节现象，影响了产业的整体效益。该条例完善产业链管理，促进各环节的协同发展。(4)技术支撑不足：金华两头乌猪的养殖技术和加工工艺相对落后，影响了产品的质量和附加值。该条例鼓励技术创新和研发，提升产业技术水平。

2. 完善法律体系

有关金华两头乌猪产业发展的相关法律法规存在规定不够明确的情况，难以契合新时代产业发展的需求。该条例制定工作重点填补这些法律空白，完善产业法律体系，保障产业各环节有法可依。具体举措如下：(1)完善新兴领域的法律条款：随着科技不断进步以及社会持续发展，如电子商务、冷链物流等新兴领域的出现，亟须补充相应的法律规定。该条例对这些新兴领域的产业发展作出明确规定，确保相关工作有法可依。(2)细化现有条款：对于已有法律规定但执行效果不佳的条款，该条例进行细化和完善，增强其操作性和执行力。例如，品种保护制度更加严格,要求保种单位不得擅自处理两头乌猪遗传资源。(3)加强部门协调:金华两头乌猪产业发展涉及多个政府部门,如农业农村局、市场监管局、商务局等。该条例清晰界定各部门的职责划分,构建起跨部门的协调机制,保障各项工作能够有条不紊地开展,杜绝出现相互推诿责任的情况。

3. 实现政策目标

《金华两头乌猪产业发展促进条例》紧紧围绕国家农业现代化的目标,助力金华两头乌猪产业实现高质量发展。具体目标包括:(1)促进品牌建设:该条例鼓励金华两头乌猪的品牌建设和市场推广,提升其市场知名度和竞争力。例如,推广地理标志产品认证,鼓励企业开设专卖店,展示体验馆以拓展国内外市场。(2)保护生态环境:该条例加强对养殖环节的环境保护,推广生态养殖模式,减少养殖污染,保护生态环境。

(三)立法原则

1. 合法性原则

合法性原则是立法工作的基石,确保制定后的《金华两头乌猪产业发展促进条例》符合宪法和其他上位法的规定,维护法制统一。具体要求包括:(1)遵守宪法:该条例的所有条款必须符合宪法的精神和规定,不得与宪法相冲突。例如,宪法规定公民享有从事农业生产的权利,在此基础上,该条例对这一权利进行更细致的阐释并切实落实。(2)遵循上位法:该条例应与《农业法》以及其他相关法律法规保持一致,绝不能超出上位法所赋予的权限范围。例如,《畜牧法》《农产品质量安全法》等专项法律已经对特定领域的农业工作作出了详细规定,该条例应在这些法律的基础上进行补充和完善,而不是重复或冲突。(3)尊重人权:该条例应充分尊重和保护公民的基本权利和自由,特别是与农业相关的权利,如知情权、参与权、监督权等。例如,该条例应明确规定公众有权了解金华两头乌猪产业的相关信息,参与产业决策,并对政府和企业的产业行为进行监督。

2. 合理性原则

合理性原则要求立法内容逻辑连贯、贴合实际,能切实有效地解决问题,推动经济社会协调发展。具体要求如下:(1)逻辑一致:该条例的各项规定应相互呼应,避免矛盾。比如,品种保护制度应与市场推广制度相匹配,防止出现品种保护不到位却过度进行市场推广的现象。(2)符合实际：该条例应充分考虑金华市的实际情况和金华两头乌猪产业的实际需求，确保各项规定具有可操作性。例如，针对小型养殖户和农村地区的产业要求，要依据其经济水平和技术条件进行合理设定。(3)推动发展：该条例应兼顾产业保护与经济社会发展这两个目标，防止因产业要求过于严苛制约经济发展。比如，对于新兴产业和高新技术企业，要给予适当的政策扶持和激励措施，鼓励其采用先进技术和工艺，实现产业升级。

3. 前瞻性原则

前瞻性原则要求立法者在制定法律法规时，不能仅仅着眼于解决当下的问题，还应对未来可能出现的新情况和新问题有所预见，保障法律法规具有一定的灵活性与适应性。具体要求如下：(1)预见未来：该条例需要充分考虑科技进步、社会发展以及产业变化的走向，提前谋划并制定应对举措。例如，随着电子商务的普及，该条例应提前规划冷链物流等基础设施的建设，确保金华两头乌猪产品的市场推广不受限制。(2)预留空间：该条例应在条款设计上留有一定的弹性，以适应未来可能出现的新情况。例如，对于新兴市场的推广，该条例可以采用“兜底条款”的形式，授权相关部门根据实际情况适时调整推广策略。(3)持续更新：该条例应构建定期修订机制，依据社会经济的发展变化，及时对法律法规进行修订与完善。例如，每五年对《金华两头乌猪产业发展促进条例》进行一次全面评估，根据评估结果提出修订建议，确保法律法规始终符合时代需求。

(四)立法内容规划

1. 法律条款的设计

《金华两头乌猪产业发展促进条例》应保障每一条款都有明确的法律效力和实际可操作性。具体举措如下：(1)加强品种保护制度：享受财政资金支持的金华两头乌保种单位，应制订并实施保种计划，确保保种群体的数量和质量。未经农业农村主管部门同意，不得擅自以转让、遗弃、销毁等方式处理受保护的遗传资源，违者将依法予以处罚。[1] (2)完善产业链管理：地理标志产品金华火腿的生产经营者应依法取得地理标志专用标志使用权，并规范使用标志。农业农村和市场监督管理部门应建立全产业链分类标识制度和溯源体系，覆盖养殖、屠宰、加

[1] 王姗：《金华：为“一头猪”立法》，载《浙江人大》2025年第5期。

工、运输、销售等环节,确保各环节符合国家标准和地方规范。(3)强化产业信息公开:市、县(市、区)人民政府及其相关部门应利用传统节日、媒体平台等宣传推广金华两头乌产业文化。生产经营者应如实将产品来源、类别、检验检疫等信息录入省畜牧业数字化应用和食品安全追溯系统,并在销售场所显著位置展示追溯码,保障消费者知情权。(4)优化资源保护措施:市人民政府应建立金华两头乌活体保种和遗传材料保存相结合的保种制度,明确保种类别、责任和经费保障。市、县(市、区)人民政府可支持利用荒山、荒地发展养殖,推广立体养殖模式,提高用地效率。

2. 法律责任的设定

为了确保该条例的有效实施,必须明确各类产业违法行为的法律责任,加大处罚力度,提高违法成本。具体措施包括:(1)明确行政处罚标准:保种单位擅自处理遗传资源,造成损失的,处10万元以上50万元以下罚款;生产经营者未在销售场所显著位置展示追溯码且逾期不改正的,处500元以上2000元以下罚款;未如实提供追溯信息且逾期不改正的,处1000元以上1万元以下罚款;其他违法行为,依照法律、行政法规和省地方性法规执行。(2)刑事责任衔接:违反《金华两头乌猪产业发展促进条例》规定的行为,若法律、行政法规或省地方性法规已规定刑事责任,从其规定。

3. 配套措施的制定

为保障该条例能够切实有效地施行,有必要制定一系列配套措施,构建起完整的产业法律体系。具体如下:(1)配套政策措施:市、县(市、区)人民政府应设立产业基金或专项资金,重点支持保种育种、生态养殖等全产业链环节;采取多种用地方式保障产业用地,支持利用荒山、荒地养殖;建立人才引育机制,深化产学研合作;鼓励金融机构创新信贷产品和保险服务。(2)技术标准建设:鼓励行业协会制定金华两头乌菜系及食品加工标准,组织厨艺大赛、美食文化交流等活动,[1]提升产业标准化水平和品牌影响力。这些标准会依据科技发展和产业变化情况适时进行修订,保证其具备科学性和先进性。配套制度对于保障该条例的有效实施、推动地方治理的规范化进程以及维护公民权益起着关键作用。在该条

[1] 王姗:《金华:为“一头猪”立法》,载《浙江人大》2025年第5期。

例的制定与实施过程中,应充分重视配套制度的建设与完善,确保法规具备权威性和有效性。

(五)工作计划

1. 需求调研阶段

需求调研是立法工作的基础,旨在深入了解社会各界对金华两头乌猪产业立法的需求和期望,从而保证立法方案具备广泛的代表性以及社会认同感。具体步骤包括:(1)确定调研对象:调研对象应涵盖政府相关部门、专家学者、行业协会、生产经营者、社会组织以及公民等各个层面。其中,政府相关部门负责提供政策背景和工作建议;专家学者负责提供理论支持和技术指导;行业协会和生产经营者负责反映行业实际情况和需求;社会组织负责收集公众的意见和建议;公民则可直接表达对产业立法的看法与期望。(2)选择调研方法:调研方法应丰富多样,以确保能全面、精准地收集各方建议。常见的调研方法有问卷调查、召开座谈会、开展实地考察、进行网络互动等。例如,可以通过问卷调查了解公众对金华两头乌猪产业的关注点和期望;通过座谈会听取专家和行业代表的意见;通过实地考察掌握一线产业工作的实际情况;通过网络互动平台收集网民的建议。(3)收集和分析数据:对调研过程中收集的数据应进行系统整理和科学分析,找出产业问题的根源和症结所在。例如,对品种资源进行分析,可以确定品种混杂和流失的主要原因;对市场推广进行分析,可以找出品牌建设和市场推广的不足之处。这些分析结果将为立法方案的制定提供重要依据。

2. 方案设计阶段

基于调研结果,结合国家法律法规体系的整体布局,设计科学合理的立法工作方案。具体操作步骤包括:(1)明确立法目标:参照调研结果,明确《金华两头乌猪产业发展促进条例》的具体目标以及期望达成的效果。目标应当具体且可量化,杜绝过于笼统或模糊的表述,比如,品种保护率、市场占有率、品牌知名度等均可作为具体的立法目标。(2)确立立法原则:结合国家法律法规的基本原则,确定具体的立法原则。这些原则需贯穿于整个立法过程,以保障立法工作的合法性与合理性。合法性原则、合理性原则、前瞻性原则等均是立法工作中必须严格遵循的基本准则。(3)规划立法内容:详细列出需要修订的法律条款和新增内容,确保每一项条款都具备明确的法律效力和实际可操作性。例如，品种保护制度、市场推广制度、产业信息公开制度等均是条例的重点内容。(4)制订工作计划：明确各阶段的任务分配、时间节点和完成期限，确保立法工作有序开展。具体而言，需求调研阶段需在3个月内达成；方案设计阶段的时间限制为6个月；专家论证阶段时间限制为1个月；征求意见阶段时间限制为2个月；审批与执行阶段要在3个月内完成。

3. 专家论证阶段

专家论证是保障立法方案具备科学性与可行性的关键环节，其目的是借助专业的评审，找出潜在的问题，并给出改进的建议。具体步骤包括：(1)组建专家团队：邀请法学专家、农业专家、政府官员等组成专家团队，确保评审工作的专业性和权威性。专家团队应涉及多个学科领域，包括法学、农业科学、经济学、社会学等，以确保评审工作的全面性和综合性。(2)召开论证会议：组织专家团队召开论证会议，对立法工作方案进行深入讨论和评审。会议应采取公开透明的方式，允许社会各界代表旁听并发表意见。专家团队应对立法方案的合法性、合理性、前瞻性和可操作性进行全面评估，进而提出具体的修改建议。(3)提出改进建议：根据专家的意见和建议，对立法工作方案进行修改和完善。修改之后应再次提交专家团队进行评审，直到达成一致的意见。专家团队应对最终方案出具书面评审意见，作为立法工作的重要参考。

4. 征求意见阶段

向社会公开征求对立法工作方案的意见，增强立法工作的透明度和公众参与度。具体步骤如下：(1)发布征求意见公告：借助媒体、网络等渠道，发布征求意见公告，告知社会各界立法工作方案的内容和征求意见的时间和方式。公告应明确指出，社会各界可通过电子邮件、信函、传真等途径提交意见和建议。(2)召开公开听证会：组织公开听证会，邀请社会各界代表参加，直接听取他们的意见和建议。听证会应采取公开透明的方式，允许媒体和社会公众旁听。听证会上，各方代表应充分表达自己的观点，立法工作者应认真记录并回应各方提出的意见。(3)收集和整理意见：通过多种渠道收集社会各界的意见和建议，并进行系统整理和分类。对于重要的意见和建议，应进行深入研究和论证，必要时可以组织专题讨论会或专家咨询会，确保各方意见得到充分重视。

5. 审批与执行阶段

将经过充分讨论和修改完善的立法工作方案提交相关部门审批，批准后正式执行。具体步骤如下：(1)提交审批材料：将立法工作方案及相关材料提交金华市人大常委会或市政府审批。审批材料应涵盖立法工作方案、专家评审意见、社会各界意见汇总等内容，确保审批机关能够全面了解立法工作的进展情况。(2)进行审批审查：审批机关对立法工作方案展开审查，保障其合法性与合理性。在审查过程中，审批机关可要求立法工作者补充材料或作出解释说明，必要时还可以组织专家评审会或听证会，进一步听取各方意见。(3)批准执行：审批通过后，正式执行立法工作方案，开展立法工作。立法工作者应依据审批机关的意见，对立法工作方案进行最后的修改和完善，确保其符合法定程序和要求。

(六)组建工作团队

立法工作属于一项复杂的系统工程，需要多个学科、多个领域的专业人员共同参与协作。为此，应组建一支由法学专家、农业专家、政府官员、社会学者等行业代表组成的工作团队，明确各自的职责分工，确保立法工作的高效推进。具体成员包括：(1)法学专家：负责法律条款的设计和法律问题的研究。法学专家需要具备扎实深厚的法学知识基础和丰富的立法实践经验，从而确保立法方案具备合法性与合理性。(2)农业专家：负责农业问题的分析和农业技术的支持。农业专家要熟知国内外农业政策以及技术的发展趋势，能够为立法工作提供科学的依据和切实的技术支撑。(3)政府官员：负责协调各部门的工作和政策对接。政府官员应具备较强的组织协调能力和政策解读能力，能够确保立法工作与国家政策保持一致。(4)社会学者：负责社会问题的研究和民意调查。社会学者应关注社会热点问题和公众关切，能够为立法工作提供民意支持。(5)行业代表：负责反映行业实际情况和需求。行业代表应来自金华两头乌猪产业的各个环节，能够为立法工作提供第一手资料和实践经验，确保立法方案具有广泛的代表性和适用性。

(七)建立评估与反馈机制

为切实保障条例能够有效施行，务必构建完善的评估与反馈机制，定期对法律法规的实施成效加以评估，并依据反馈意见及时作出调整与完善。具体措施包括:(1)定期报告:定期发布立法工作的进展情况和实施效果报告,向社会各界通报最新动态。报告内容应涵盖立法工作的阶段性成果、存在的问题以及后续的工作计划等,确保社会各界能够及时了解立法工作的进展情况。(2)意见征集:通过问卷调查、座谈会等方式,收集社会各界对法律法规实施效果的意见和建议。对于重要的意见和建议,应进行深入研究和论证,必要时可以组织专题讨论会或专家咨询会,确保各方意见得到充分重视。(3)专家评审:邀请法学专家、农业专家等对法律法规的实施效果进行评审,评审过程应保持公开透明,允许社会各界代表旁听并发表看法。评审结果应及时向社会公布,保障评估工作的公正性与权威性。

第三章　立法起草阶段

第一节　收集资料

一、关于法律的效力位阶

在法律效力的层级划分方面，法律体系一般会被精细地划分为上位法、下位法以及同位法这三类。这种分类主要依据是法律的渊源以及效力等级。详细来讲，上位法指的是在其管辖范围之内，具有较高法律效力的规范性文件；与之相对，那些法律效力较低的法律规范被称作下位法。以宪法为例，它处于整个国家法律体系的顶端，作为最高层次的上位法，规定了国家的基本制度以及社会生活的基本原则，同时为其他所有法律法规的制定提供了依据。像刑法、民法等各个具体的部门法，都要依照宪法的精神和原则来制定，相较于宪法，这些部门法属于下位法。然而，当我们将视角转向整个法律体系的不同层面时，可以看到效力层级的变化。例如，由国务院颁布的行政法规，与全国人民代表大会常务委员会通过的基本法律相比，其效力较低，属于下位法；但与地方国家机关制定的地方性法规相比，则又因其较高的权威性而成为上位法。

为了维护法律体系的一致性和稳定性，法律规定了严格的上下位关系准则，即任何下位法都必须遵守上位法的原则和要求，不得与其相冲突。这一机制不仅有助于确保法律间的协调统一，也为司法实践中的法律适用提供了明确的指引。总之，深入理解法律效力层级，有助于我们准确把握不同法律法规间的相互关系，推动法治社会朝着健康方向发展。这种层级划分确保了法律体系的有序性，使每一部法律法规和规章都能在自己的位置上发挥应有的作用，同时又不超越其应有的权限,从而保障了整个法律体系的和谐与平衡。

二、需要梳理的上位法

(一)立法程序类上位法

收集研读《立法法》《浙江省地方立法条例》,掌握设区的市立法权限、立法程序,尤其是法规草案起草程序。只有掌握了这些,才能确保起草的法条、设计的制度不会越权,才能确保起草过程不会遗漏法定程序。具体的起草程序会在后面详细阐述,接下来先说说立法权限方面的内容。

市政府各部门负责起草的法规草案,其范畴限定于城乡建设与管理、环境保护以及历史文化保护领域。与此无关的事项就不属于本市的立法权限。按照立法法的规定,有关刑罚、剥夺公民政治权利的处罚,属于全国人大及其常委会的专属立法权限,地方立法就不能涉及。务必避免拟定诸如“某某行为处多少年有期徒刑”这类法条,同时,不得出现规定“违反本市法规的合同无效”等相关内容。设区的市文明行为促进立法中能否规定:有严重不文明行为的,取消其参加村民委员会或居民委员会的选举资格?选举权和被选举权属政治权利,未经依法判决剥夺,不能取消,地方立法无权作出取消选举资格的规定。

(二)专业性上位法

主要涉及本市管理领域相关的专项法律、行政法规、省级法规,以及国家政策和省级政策。只有深入研究并准确把握专业性的上位法,才能清楚知晓上位法在哪些方面存在空白、遗漏,哪些规定不够具体明确,进而明确本市立法的空间所在,从而尽可能避免与上位法的内容重复,确保所制定的法规不与上位法相抵触。

在城市道路车辆通行方面,上位法主要包括《道路交通安全法》及其实施条例;针对《金华两头乌猪产业发展促进条例》,其上位法主要涵盖《乡村振兴促进法》《畜牧法》《动物防疫法》《农产品质量安全法》等。

在文明行为促进方面,相关的上位法主要有《国家通用语言文字法》、《广告法》、《城市市容和环境卫生管理条例》、《道路交通安全法》及其实施条例等。

在住宅小区物业服务管理方面的上位法,除国务院的《物业管理条例》和《浙江省物业管理条例》外,还涉及《民法典》《消费者权益保护法》等。

三、上位法、地方性法规的收集

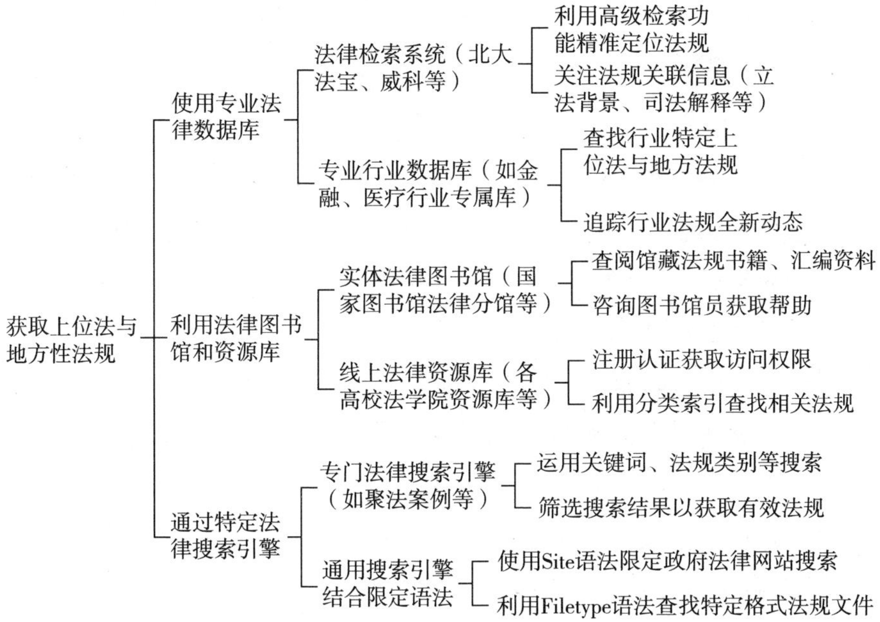

如前文所述，上位法指的是在法律体系里法律效力较高的法律法规，这些上位法一般会对下位法起到指引和约束的作用。举个例子，在中国的法律体系中，宪法处于最高地位，属于上位法，其他所有的法律法规都要与宪法保持一致。就法律工作者而言，了解并掌握上位法是非常重要的，因为它们构成了法律体系的基础框架。以下是几种收集上位法的有效方法。

（一）使用专业的法律数据库

专业的法律数据库是获取权威上位法的重要渠道之一。这类数据库通常由专门的机构维护，例如，“北大法宝”“威科”等，它们涵盖的法律文件类型丰富且全面。在这些数据库中，用户可依据自身的实际需求开展检索操作，例如，输入关键词、法规颁布单位等信息来缩小检索范围，还能选择以标题或正文作为检索区域，从而更精准地查找所需的上位法。此外，一些高级数据库还提供了智能推荐功能，能够基于用户的检索习惯，推送与之相关的法律法规，大幅提升了检索的效率。这些数据库不仅为法律专业人士提供了便捷的查询工具，也为普通公民提供了了解和学习法律的平台。它们通常具备强大的搜索引擎,支持复杂的查询语句和布尔运算符,使用户能够进行更为深入和精确的法律研究。同时,这些数据库还经常更新,确保用户能够访问到最新的法律信息,这对于法律实践和学术研究都具有极其重要的价值。

(二)利用法律图书馆和资源库

法律图书馆及资源库蕴含着大量的上位法信息资源。例如,“中国法律图书馆”等在线平台为用户提供了一个综合性的法律信息平台,不仅提供法律法规的全文内容,还涵盖法学论文、裁判文书等多种资料。这些资源不仅能够帮助用户获得具体的上位法条文,还能提供相关的解释和分析,为用户提供全方位的法律信息服务,这对于深入钻研某一领域的法律问题有着极大的帮助。同时,实体的法律图书馆也提供了大量的纸质书籍和期刊,适合那些需要深入研究或者长时间查阅资料的用户使用。

(三)通过特定的法律搜索引擎

特定的法律搜索引擎为获取上位法相关信息提供了高效又便捷的渠道。例如,“聚法案例”这一平台,它是一个专门为法律专业人士量身打造的优质法律及案例检索服务引擎。这个平台拥有庞大的案例文库,其中包含了丰富的法律案例和资料,适合律师、学者、法官以及其他法律界的专业人士使用。通过这个搜索引擎,用户可以利用其提供的可视化检索和交叉检索等功能,快速而准确地定位到所需的上位法及其相关案例。另外,部分先进的法律搜索引擎支持多语言检索,这对于从事跨国法律业务的专业人士而言至关重要,因为它们能够帮助专业人士跨越语言障碍,更有效地进行国际法律事务的处理。

无论是通过使用专业的法律数据库、访问法律图书馆和资源库,还是利用特定的法律搜索引擎,这些方法都能够有效地帮助用户获取所需的上位法信息,满足他们在不同场景下的需求。这些信息检索方式不仅提高了信息检索的效率,也为法律工作者的研究工作提供了极大的便利。随着技术的不断进步和社会需求的持续变化,未来可能会出现更多新颖的信息获取方式,这些新的方式将进一步提高上位法信息的可获取性和实用性,从而为法律专业人士提供更加全面和深入的法律信息支持。

四、收集政策文件

- 一、使用官方政策数据库
  - 国家层面官方平台
    - 中国政府网（政策文件库、国务院公报）
    - 各部委官网（发改委、工信部、财政部等政策专栏）
    - 国家法律法规数据库（含政策配套文件）
  - 地方政府官方平台
    - 省/市/县级政府门户网站“政策文件”专栏
    - 地方政务服务网（如“浙里办”“随申办”政策模块）
  - 特定领域官方库
    - 行业主管部门专项数据库（如教育部“教育政策法规数据库”）
    - 国家级规划/计划专题库（如“十四五”规划政策解读库）
  - 实用功能
    - 高级检索（按发文时间、主题、文号精准定位）
    - 政策订阅（RSS订阅、邮件提醒最新政策发布）
- 二、利用专业的政策信息平台
  - 综合政策集成平台
    - 北大法宝（多维度分类、关联分析）
    - 中国政策科学网（政策理论与实践案例库）
    - 国脉电子政务网（政务政策与智慧城市政策库）
  - 行业/领域垂直平台
    - 金融政策：中国人民银行政策发布平台等
    - 产业政策：国家发改委产业政策库、工信部产业规划专栏
    - 区域政策：京津冀协同发展政策库、粤港澳大湾区政策平台
  - 第三方专业平台
    - 万得（Wind）政策模块（含政策影响量化分析）
    - 彭博终端（全球及中国政策实时跟踪）
    - 智策查（聚焦地方政府政策，支持跨区域对比）
  - 特色功能
    - 政策图谱（产业链政策关联可视化）
    - 政策效果评估报告（部分平台提供第三方解读）
- 三、通过学术数据库和出版物
  - 学术数据库
    - 中国知网（含政策文本、研究论文）
    - 万方数据库（结合学术文献关联检索）
    - 维普（核心期刊政策研究成果）
  - 政府及机构出版物
    - 政府白皮书（国务院新闻办、各部委年度报告）
    - 发展规划汇编（国家/地方五年规划、专项规划文本）
    - 政策蓝皮书/绿皮书
  - 学术著作与论文
    - 政策学经典著作（如《政策科学》《公共政策分析》）
    - 核心期刊论文（《中国行政管理》《公共管理学报》政策研究专栏）
  - 应用场景
    - 政策文本与学术研究结合（如政策工具理论分析）
    - 历史政策演变梳理（通过文献追溯政策脉络）
- 四、利用社交媒体和专业论坛
  - 官方政务新媒体
    - 政务微信公众号（如“中国政府网”“国家发改委”公众号）
    - 政务微博（@中国政府网　@新华视点）
    - 短视频平台（抖音/快手政务号政策解读视频）
  - 行业专业论坛
    - 人民网“领导留言板”（地方政策执行反馈）
    - 行业协会官网论坛（如中国中小企业协会政策交流区）
    - 智库平台（如中国发展研究基金会、北大国家发展研究院）
  - 垂直领域社群
    - 微信/QQ行业交流群（政策专家、从业者实时讨论）
    - 知识分享平台（知乎“政策分析”话题、豆瓣政策研究小组）
  - 注意事项
    - 信息筛选（优先验证官方账号发布内容）
    - 动态跟踪（政策出台后的舆情反馈与实施效果讨论）

政策文件,顾名思义,是由政府部门或其他官方机构正式发布的具有指导性和规范性的文件。这类文件的核心目的在于对公共管理活动加以引导,规范市场行为,推动社会的全面进步。它们通常详细阐述了政府的决策意图,明确指出了实施步骤,并设定了预期目标。政策文件就立法团队而言,具有极其重要的意义。

立法团队必须及时知晓并掌握这些政策文件，因为它们不仅能够帮助立法者更好地理解政府的方针政策，而且对立法工作的方向和具体内容有着直接的导向作用。通过深入钻研政策文件，立法团队能够保障立法工作与国家的宏观政策相契合，同时能更好地服务于社会公众的利益，确保法律的制定既符合国家发展的需要，又能够得到社会的广泛认可和支持。

（一）使用官方政策数据库

官方政策数据库是获取政策文件直接且权威的重要渠道。在我国，国务院政策文件库（中国政府网）是最主要的官方政策文件来源，其中收录了海量的国家级政策文件，同时涵盖了部分地方政府所发布的政策文件。用户可以输入关键词、颁布单位等信息来缩小搜索范围，选择标题或正文作为检索范围，从而更精确地找到所需的政策文件。此外，还可以关注地方政府网站上的政策文件库，如省级政府网站，这些网站也会定期更新本地区的政策文件。

（二）利用专业的政策信息平台

专业的政策信息平台是获取政策文件的另一优质途径，为用户带来了诸多便利。这些平台通常会整合多个不同来源的政策文件，并且进行细致的分类整理工作，让用户更加轻松快捷地检索所需政策文件。例如，像“白鹿智库”这样的第三方平台，它们提供了实用的政策文件查询服务，助力用户迅速找到目标政策文件。此外，还有部分平台聚焦于特定行业或领域，比如，“政策补贴宝”微信公众号，这类平台往往为特定受众群体提供更加定制化和个性化的政策信息和服务，以满足不同用户在特定领域内的信息需求。

（三）通过学术数据库和出版物

学术数据库和出版物是收集政策文件的一个重要渠道。例如，“中国知网”中的“中国政报公报期刊文献总库”收录了数量众多的政策文件以及相应的解读文章。这个总库不仅包括国家层面的政策文件，还涵盖地方政策和行业指导性文件，为研究者以及政策制定者提供了全面的政策信息资源。此外，国务院发展研究中心的政策法规数据库也是一个很好的资源。这个数据库收集了国务院及其各部门发布的政策法规，以及相关的解读和分析文章，为用户提供了权威的政策解读和背景信息。这些学术数据库和出版物不仅提供了政策文件本身，还附上了相关的分析与解读内容,能够帮助用户更好地理解并运用政策。通过这些资源,用户可以获取政策的背景、目的、影响以及实施细节等多方面的信息,从而更全面地把握政策的内涵和外延。无论是政策研究者、执行者还是公民,这些数据库和出版物都是获取政策信息、进行政策分析和学习的重要工具。

(四)利用社交媒体和专业论坛

无论是通过访问官方政策数据库、专业的政策信息平台、学术数据库及出版物,还是借助社交媒体以及行业内的专业论坛,这些方式都能切实有效地帮助我们获取所需的政策文件及相关信息,从而满足不同场景下的应用需求。比如,在起草地方性法规的过程中,起草机构能够通过官方途径获取最新的行业规范以及政策导向;学者们则可以借助学术数据库,对国内外相关政策的发展动态及其产生的影响进行追踪。这些多样化的信息获取手段不仅大大提升了信息检索的效率,有助于在各自的专业领域内作出更为科学合理的决策;同时,通过这些方式,我们还可以及时了解政策的更新和变化,确保在制订计划和策略时能够充分考虑最新的政策环境,从而避免信息滞后导致的决策失误。

随着信息技术的不断进步和社会需求的变化,我们有理由相信,在不久的将来,还会有更多创新的信息获取方式涌现出来,从而进一步提高政策文件信息的可获取性和实用性。例如,人工智能和大数据分析技术的应用,可能会使我们更精准地预测政策趋势,为政策制定者和执行者提供更为有力的支持。另外,随着移动互联网的广泛应用,移动设备上的政策信息应用也将变得更加便捷和高效,使政策信息的传播和获取不再受时间和地点的限制,显著提升了政策的透明度,也增强了公众对政策的参与程度。

第二节　立法调研

就达成科学立法和民主立法而言,深入且细致的调查研究工作有着举足轻重的意义,这也是地方立法工作者必须熟练掌握的关键基础技能之一。借助全面且深入的调查研究,立法者能够充分了解和精准把握实际状况,知悉社会需求,如此一来,便能保证所制定的法律法规能够有效解决实际存在的各类难题。唯有通过这种方式,才能确保立法工作既能体现和维护广大人民群众的根本利益,又能够适应社会发展的趋势和需求,从而达到科学立法和民主立法的双重目标。

为达成这一宏伟目标,地方立法工作者应不断提升调研能力,始终秉持实事求是的原则。他们需要深入基层社区,倾听民众的声音,充分了解民众的意愿和需求。为了全面收集信息,他们应当采取多种手段和方法,这些方法不仅限于发放问卷进行调查、组织座谈会进行讨论,还包括到现场进行实地考察,从而确保能够获得最直接、最真实的第一手资料。对收集的信息和数据,立法者应进行仔细分析与处理,为决策提供坚实有力的支持和可靠依据。此外,还应积极推动跨部门间的合作,以及邀请相关领域的专家进行咨询和指导,利用这些多元化的视角和专业知识来丰富和完善立法内容。通过这样的方式,可以显著增强法规的前瞻性和可操作性,保障制定出的法规更好地服务社会和民众,满足实际需求。

调查研究工作在提高立法质量方面起着关键作用,它不仅是立法者与广大民众之间沟通的桥梁,而且是确保法律能够有效服务于社会发展大局的关键。通过深入调查研究,立法者能够更充分地了解民众的需求和期望,从而制定出更加符合实际、更具前瞻性的法律法规。此外,调查研究还能助力立法者及时发现和解决现有法律体系中存在的问题,推动国家治理体系和治理能力现代化的进程。因此,对每一位从事或关注地方立法工作的人员来说,重视并不断改进调查研究方法,都是极其重要的任务。这不仅要求他们具备扎实的专业知识和敏锐的洞察力,还需要他们不断学习和掌握新的调查研究技巧,以适应不断变化的社会环境和民众需求。只有这样,立法工作才能与时俱进,更好地服务于人民,推动社会的和谐与进步。

一、立法调研的重要作用

调查研究一直以来都是我们党的优良传统。正如毛泽东同志所强调的“没有调查,就没有发言权”,这句话深刻揭示了调查研究对于制定政策和立法工作的重要性。就立法调研而言,调研质量直接决定了立法质量,只有通过深入细致的调查研究,才能够让立法工作更贴合实际情况,更具科学性与合理性。调查研究不仅有助于我们洞悉社会的现状以及实际需求,还能挖掘问题的本质,为解决问题提供科学可靠的依据。它是我们党联系群众、了解民意的重要渠道，也是党正确决策的基石。通过调查研究，我们可以收集第一手资料，准确把握真实情况，避免出现主观臆想和片面认知，进而作出既符合实际状况，又符合人民利益的决策。因此，我们应当继续发扬党的这一优良传统，将调查研究工作做深做细，确保每一项政策和法律的出台都能够得到人民的广泛支持和认可。

（一）立法调研：基于问题导向的必然选择

在当下，我国社会正处于关键的转型时期，民众对于自身权力和利益的追求变得越来越多样化，这无疑给维护社会秩序带来了更加复杂的挑战。面对这样的社会背景，推动国家治理体系和治理能力现代化，已经成为一项刻不容缓且至关重要的任务。地方立法工作作为国家治理体系的关键组成部分，必须紧跟时代发展节奏，紧密围绕实际存在的问题，构建一个适应新时代发展要求的地方治理框架，从而更好地服务于社会和民众，更好地保障社会和谐稳定。

为了使立法工作切实以问题为导向，当务之急是精准识别所面临的问题，这就如同修缮漏水的屋顶，需要从屋顶顶部开始排查，准确找出漏洞之处。同样地，在制定有效的政策时，我们也需要倾听来自民间的声音，了解民众的需求和期望。只有深入基层，开展详尽的研究调查，才能真正捕捉社会的真实情况以及人民的真实诉求。这样才能明确地方立法的关键点，精准地把握立法过程中需要调整的社会关系以及亟待解决的核心议题。通过这种深入细致的工作方式，可以促进高质量法律法规的出台，为实现社会治理的有效性和公正性奠定坚实的基础。

以《金华两头乌猪产业发展促进条例》为例，在该条例的立法前期筹备阶段，相关部门深刻意识到深入基层调研的重要性。立法团队人员调研金华各地两头乌猪养殖场，无论是大规模的现代化养殖基地，还是农户自家经营的小型猪圈，都留下了他们的身影。调研人员与养殖户面对面交流，养殖户们纷纷打开了“话匣子”，倾诉着在养殖过程中遭遇的难题。有的反映优良猪种的繁育技术存在瓶颈，成本高且成功率不稳定；有的提到市场价格波动大，销售渠道有限，严重影响了养殖积极性。

同时，调研人员还与猪肉加工企业交流，了解到加工环节面临标准化程度不高、品牌建设滞后等问题。这些来自民间的声音，为立法工作提供了宝贵线索。

得益于这些详尽的基层调研，立法者明确了地方立法的关键要点，精准掌握了立法过程中有待调整的社会关系，例如，协调养殖户与加工企业之间的利益分配关系，规范产业链上下游的合作模式。同时，立法者清晰地认识到了亟须解决的核心问题，诸如怎样加大对猪种繁育技术研发的支持力度，以及如何拓宽销售渠道来稳定市场价格等。

凭借这种深入且细致的工作模式，顺利推动了《金华两头乌猪产业发展促进条例》这一高质量法规的颁布。该条例从猪种保护、养殖扶持、加工规范到市场流通等多个方面都作出明确的规定，为金华两头乌猪产业的发展提供了有力保障，同时为实现当地在产业领域社会治理的有效性与公正性筑牢了坚实根基。这充分体现了在立法工作中深入基层、倾听民众心声对于推动产业发展、促进社会和谐进步的重大意义。

(二)立法调研：公众参与的必要途径

地方立法的核心原则是牢固树立“以人民为中心”的理念，也就是始终秉持以人民为中心的发展思想。这一理念不仅是构建现代法治社会的基石，更是保障法律制度得以有效实施的关键要素。将人民群众置于立法活动的中心位置，能够确保所有立法工作都紧密围绕着满足民众的实际需求展开。这意味着，制定任何一项法律时，必须深入基层，广泛倾听不同群体的意见和建议，使最终形成的法规既契合广大人民群众的根本利益，又能激发他们的积极性与创造性。

为了实现这一点，立法过程中需要采取一系列措施来加强立法者与群众之间的联系。首先，要建立一个开放而包容的沟通机制，鼓励社会各界积极参与立法讨论。其次，可专门搭建收集公众意见的渠道，比如，定期组织公开听证会或座谈会，为普通百姓提供直接表达看法和建议的机会。最后，借助现代信息技术手段，比如，社交媒体平台、官方网站等，广泛收集民众的意见和建议。进一步拓宽信息传播途径，使更多人能够便捷地参与立法过程。通过这些方式，不仅能够确保立法内容更加贴近实际生活，还能增强民众对法律法规的认可度。

在《金华两头乌猪产业发展促进条例》的制定过程中，相关部门不仅深入金华本地的养殖村落、农户家中，与养殖户们面对面交流，了解他们在养殖金华两头乌猪过程中面临的困难；还广泛征求了消费者的意见，了解他们对金华两头乌猪产品的口感、价格、安全等方面的需求。在制定条例时，立法者充分考虑各方利益。既为养殖户提供政策扶持、技术培训等支持，保障其养殖收益；又规范了产业标准，确保消费者能买到优质、安全的金华两头乌猪产品；也为企业的发展提供了良好的产业环境，促进了金华两头乌猪产业的健康、可持续发展。这充分体现了地方立法“以人民为中心”理念的实践价值，只有这样的立法才能真正服务人民，推动地方产业的良好发展。

调查研究是推进开放立法的关键环节，不可或缺。它为公众参与立法创造了机会，同时增进了政府与公民之间的互动交流。具体来说，这包括了多种形式的调研活动，比如，实地走访可以深入了解特定区域内的实际情况；召开座谈会有助于集中讨论某些专业性较强的问题；在线调研以及问卷调查则能够覆盖更广泛的受众群体。特别是在互联网技术蓬勃发展的当下，线上调研已然成为一种高效的信息收集手段。这种方式不仅节约了时间和成本，更为关键的是，能让立法机关迅速且精准地获取第一手资料，进而及时对相关政策进行调整和完善。除此之外，提升立法工作的透明程度，对于保障公众的知情权而言意义重大。基于此，相关部门需要建立并完善信息发布机制，定时公布最新的立法动态以及相关的文件草案，方便社会各界监督。这样的举措不仅能够增强立法程序的民主性与科学性，还有利于营造良好的社会监督氛围。当人们能够清楚地了解整个立法流程及其背后的考量因素时，他们就会更加信任并支持政府所作出的各项决策；反过来，这也促使立法者更加谨慎地对待每一项提议，力求做到公平公正，真正反映人民心声。

坚持“以人民为中心”原则指导下的地方立法工作，不仅要求立法者密切关注民众的需求变化，积极采纳合理化建议，还需要不断创新方法手段，拓宽公众参与渠道。唯有如此，方能确保所出台的法律法规既具备广泛的代表性，又能够切实有效地解决实际问题，从而更优质地服务于社会大众。

（三）立法调研：倾听多方声音以求明智决策的必要步骤

古人云：“兼听则明，偏听则暗。”此句深刻地阐释了在决策环节广泛吸纳各方意见的重大意义，着重强调了全面考量多元观点对作出合理且明智判断的关键作用。对于地方立法工作来说，这一原则有着举足轻重的地位。制定法律，并非仅仅为了维护社会秩序,更为了达成公平正义这一核心价值目标。因此,起草法律法规时,必须积极吸纳社会各界的声音,包括专家、学者以及普通民众的意见,以确保所制定的法律能够平衡不同群体之间的利益关系,从而促进立法工作的科学性和民主性。

为了确保立法过程能够真实反映民意,政府通常会采取一系列措施组织广泛的调研活动。这些活动旨在邀请各领域的专家、学者以及广大民众参与讨论,鼓励大家围绕具体议题展开深入交流,阐述观点与理由。这样的举措所带来的益处在于,其不仅有助于挖掘潜在的问题或争议之处,还能够提升参与者之间的认知度,缓解对立情绪,进而推动共识的达成。例如,在起草某一特定法规之前,可能会举行多场座谈会或公开听证会,让不同背景的人士有机会表达自己的看法,这有助于立法者从多个角度审视问题,从而制定出更加全面合理的解决方案。

以《金华市红色资源保护利用条例》为例,该条例的成功制定充分体现了广泛参与和对话机制的重要性。在条例的制定过程中,相关部门不仅组织了多次座谈会,还深入走访了多个具有代表性的革命遗址、纪念馆以及烈士陵园等地,实地考察这些历史遗迹背后的故事及其当前的保存状况与管理情况。借助这样的实地调研,立法团队获取了一手资料,并以此为依据展开了翔实的研究论证。除此之外,他们高度重视倾听当地居民以及利益相关方的意见,确保对每一个细节都进行了周全的考量。最终,《金华市红色资源保护利用条例》得到了社会各界的广泛认可和支持,成为一个多方利益诉求得到妥善处理的成功案例。

以《金华市海绵城市规划建设管理条例》为例,在该条例的制定进程中,广泛的参与和对话机制起到了决定性的作用。相关部门不仅召开了数次专题研究论证会,还深入实地走访了金华江治理二期工程等多个具有代表性的海绵城市建设示范项目,全面了解这些项目的实施细节和运行现状。凭借这些实地调研所获得的第一手资料,立法团队进行了深入细致的研究和论证,为条例的科学制定提供了坚实基础。

此外,立法团队特别注重听取当地居民、建设单位、专家学者等利益相关方的意见,确保该条例的每一处细节都经过反复斟酌。比如,立法团队专程前往北京、上海等地,向相关领域的专家取经,为该条例的可行性进行全面“诊断”,同时邀请浙江省人大法制委原主任委员丁祖年对该条例进行指导和审核。最终,《金华市海绵城市规划建设管理条例》以其科学严谨、合理可行以及民主公正的特点，赢得了社会各界的普遍赞誉和广泛支持，实现了立法为民的目的。

这两个案例生动地展示了倾听多方声音以求明智决策的必要步骤，是以人民为中心的立法理念在地方性法规立项中的体现。[1] 在处理涉及公共利益的重大事项时，采用广泛的参与和对话机制来凝聚最大共识极为关键，这不仅是法治建设进程中的关键环节，也是推动和谐社会构建的有效举措。当人们感觉到自己的声音被听到，且自己的利益得到了适当考虑时，他们更有可能支持并遵守法律。因此，通过建立一个开放、包容的立法环境，不仅能够提高立法质量，还能增强社会凝聚力，促进社会长期稳定与发展。此外，这种做法还有助于培养公民的社会责任感，激发更多人参与社会治理，共同推动社会发展进步。

二、立法调研的主要特点

立法调查研究是一种系统性的方法，旨在通过深入考察和细致分析客观实际情况来揭示事物的本质。其核心目的是准确了解现状，洞察问题背后的真实情况，从而为决策者提供科学依据，帮助他们形成有效的解决方案和策略。在这个过程中，研究者有必要收集大量数据和信息，综合运用定性与定量的方法展开分析，以此保证所提出的建议或对策既贴合实际情况，又能从根本上解决问题。

立法调研作为调查研究的一种特殊形式，与常规的调查研究一样，具有一些基本特征，比如，基于事实、注重证据以及强调对现象的深入理解。立法调研有着其独特的应用场景，它致力于为法律的制定或修订工作提供支持，这也使其具备了独特的属性。在立法调研过程中，立法者会重点放在对现行法律法规有效性的评估上，同时会关注这些法律法规所产生的社会影响。此外，还会考虑如何通过制定新的法律，更有效地回应公众的诉求以及社会的发展变化。因此，开展立法调研时，不仅需要遵循一般调研的原则，还要特别关注法律条文的具体内容、执行情况以及可能涉及的利益相关方的意见等关键因素。

（一）立法调研活动的全程性

首先，在立项论证阶段，立法调研的核心目的是精准选定立法项目。这一环

[1] 汤能干：《地方立法科学立项的原则、标准和程序》，载《湖南社会科学》2023年第3期。

节需要深入剖析社会现状,找出当前法律体系存在的漏洞,评估新立法项目的必要性和可操作性。全面且细致的调查研究,能确保所确定的立法项目既能弥补法律空白,又能切实解决实际问题,有效避免盲目立法导致的资源浪费和效率不高的情况。

其次,进入项目调研阶段时,工作的重点转移到了对特定议题的深度探究上。这一环节需要系统性地分析某个领域的现状、存在的问题以及问题产生的根源,在此过程中,要广泛收集相关的数据资料、案例分析以及实践经验等信息。这样的做法有助于形成对该议题全方位的理解,为后续制定具体的法规提供坚实可靠的事实依据和有力的技术支持。

再次,进入法规起草阶段时,调研活动聚焦于探寻解决问题的有效策略上。在此过程中,必须综合考量多方面因素,比如,法律法规本身的可执行性、操作简便度以及与其他现有法律之间的兼容性等问题。只有经过充分且深入的研究之后,才能拟定出既契合现实需求,又具备高度可行性的法规条文,进而确保这些规定能够在实际执行过程中顺利落地,并充分发挥其预期的效能。

最后,在草案审议阶段,即便大部分基础性工作已圆满完成,调研依旧是极为关键、不可缺少的重要部分。这一阶段的主要任务是广泛地收集社会各界的意见和反馈,以此对草案内容进行进一步优化完善。通过公开征集意见、组织座谈会等多种形式,可以让更多人参与讨论,聆听来自不同群体的声音。如此一来,不仅有助于提升法规草案的整体质量,而且能够增强法规草案的社会接受度和公信力。

因此,立法调研是一项复杂的系统工程,它不仅要求立法者在整个立法过程中有一个清晰的规划,还需要在各个关键阶段设定明确的目标和责任分工。从立项论证到最终审议,每个步骤都由专门团队负责执行,确保各环节之间紧密配合、相互支持。这种精心设计的工作流程体现了立法活动特有的严谨态度。通过这样一套系统的立法调研程序,确保出台的法律法规精准契合社会发展的需求,并且赢得公众的认可与支持,进而为营造和谐稳定的社会环境筑牢坚实的法治根基。

(二)立法调研活动的互动性

立法调研活动的互动性是确保立法成功的关键因素之一。这项工作不仅要求立法者广泛地收集来自社会各界的意见，还必须深入探究这些意见背后的根本原因和动机。由于立法本质上是对具体事务而非个人行为进行规范的活动，在实际操作中，我们经常会遇到一些参与者对调研内容缺乏足够关注、思考不够深入甚至完全不发表意见的情况。为了提高调研的有效性和代表性，增强互动性变得尤为重要，特别是面对不同的利益群体时，需要采取一系列措施来激发他们的参与热情，鼓励他们从各自独特的视角出发，积极探讨与自身利益密切相关的问题，从而促进深层次的思想交流与观点碰撞。

以笔者所在单位作为第三方起草的《金华两头乌猪产业发展促进条例》为例，该立法过程有力地彰显了增强互动性所带来的实践意义。在对该条例立法的过程中，特别邀请了涵盖大中小型两头乌猪养殖企业、火腿加工企业、市场销售商以及学校等在内的多方代表参加座谈会。多次面对面的沟通与讨论，为各个利益相关方提供了一个平台，让他们能够充分表达自己的立场和需求，有效促进了各方之间的相互理解和意见交流。在这个过程中，我们鼓励所有参与者围绕如何更好地推动两头乌猪产业健康发展这一主题，提出具有建设性的意见和建议，并且结合实际情况对初步草案进行了反复修订和完善。例如，针对养殖技术提升、产品品质保证、品牌建设等方面的具体问题，大家集思广益，提出了许多切实可行的解决办法。这样的互动模式不仅增强了法规草案的科学性和实用性，也大大提高了最终出台政策的社会接受度。

借助这样的形式开展立法调研，能够切实规避信息不透明、决策片面引发的各类问题，促使法律法规更贴合民众的实际需求。同时显著提升了公众对立法工作的认同感与参与感。总之，健全的互动机制是保障立法质量的关键所在，有力地推动了开放包容、多方受益的法治环境的构建。

（三）立法调研活动的滚动性

在立法调研的过程中，每位参与者对同一问题常常持有不同的见解与观点，这使单次的调研活动，很难全面达成所有预先设定的目标。为了确保能够广泛而深入地收集各方的意见与信息，通常需要安排多次调研，并组织多场座谈会和讨论会。例如，在某一次座谈会上未能发现的问题，可能会在另一场由不同背景的参与者出席的座谈会上被提出；而在某个特定讨论环节中未能找到解决方案的问题,有可能在后续的另一个讨论会上得到解答。这种持续推进、不断深入的过程,彰显了立法调研工作的一个关键特性——滚动调研。

滚动调研不仅能够有效弥补单次调研存在的不足,还有利于增进不同参与者之间的沟通与互动,从而催生出更多极具深刻见解的想法和建议。通过这种持续不断的探索与反馈机制,立法者可以更加全面且深刻地理解社会各界的真实需求与关切点,从而为制定更为科学合理、贴近实际的法律法规奠定坚实的基础。此外,滚动调研这一方式有助于提高立法过程的透明度,增加公众参与的机会,使法律条文更加符合大众期望,同时增强了法律的社会认可度及其执行的有效性。由此可见,作为一种高效的调研方法,滚动调研在立法实践中意义重大,对于确保最终颁布的法律文件既充分体现民意,又能切实解决实际问题起着关键作用。

事实上,滚动调研方法的适用范围不局限于立法过程初期的信息收集环节,在整个立法进程中,它都发挥着举足轻重的作用。从立法项目的立项论证到草案的审议,每一个步骤都少不了滚动调研的参与。它确保了立法过程中的每一个步骤都能够基于最新的信息和最广泛的共识进行调整和完善。通过这种持续的、动态的调研方法,立法项目能够更加精准地捕捉到社会变化和发展趋势,也能及时地对新出现的问题和挑战作出响应和处理。总的来说,滚动调研不仅是提升立法质量的有力手段,还是加强政府与民众之间沟通和理解的重要桥梁,有助于构建更加开放和透明的立法环境。

三、立法调研的基本要求

通过多次实践验证可以清晰地看到,高质量的立法调研对高质量的立法工作起着关键作用。因此,对于那些致力于地方立法工作的相关人员来说,他们必须怀揣着神圣的使命感,以严谨的态度和细致的工作,认真地投入这项至关重要的工作中。只有这样,才能确保立法工作能够真正地反映民意,符合社会发展的实际需要,从而制定出既科学又合理的法律法规。

(一)要在精心组织上下功夫

首先,充分的知识储备必不可少。着手开展调研任务前,立法者要对调研的主题以及调研对象展开深入剖析,掌握与之相关的必要背景知识,对涉及的各类问题有一个清晰的认知。这其中不仅包括对相关领域的专业知识进行系统化学习,同时要对调研对象的实际情况进行细致了解,特别重要的是,要全面深入地研究相关的法律法规以及行政规章,以便能够准确地识别出立法中的空白点和模糊点。开展此类准备工作,能大幅提升立法调研的针对性与实效性,确保调研工作能够精准定位问题、深入剖析问题,并为问题的解决提供坚实的理论支撑和切实可行的实践指导。

其次,制定科学合理的调研方案是立法调研的关键环节。此环节需要明确调研的具体对象,即明确此次调研针对哪些个人或群体展开。(1)设定调研的目标,也就是明确希望通过此次调研达成何种目的,解决哪些具体问题。(2)选择调研的方式,例如,是采用问卷调查、面对面访谈,还是其他合适的调研形式。(3)确定调研的方法,包括数据收集、分析所采用的具体技术和手段。(4)撰写调研提纲,提纲应详尽地列出调研的主要内容和具体步骤,从而保障调研工作能够有条不紊地开展。(5)精心设计调研问题,问题应当具有针对性和深度,能够引导调研对象提供有价值的信息。调研开始之前,将调研提纲和问题提前提供给调研对象,这样他们有足够的时间围绕调研提纲进行准备,确保调研过程能够获得更加深入和全面的信息。

最后,提高调研的实效性。调查研究的主要任务在于追求事实的真相,而研究的过程则在于追求真理。只有通过扎实的调查,才能为实现科学的真理奠定坚实的基础。因此,必须深入基层,深入群众,通过多走、多听、多看、多问的方式,切实洞悉事物的本质特征,以及其发展演变的全过程。以《金华市海绵城市规划建设管理条例》为例,在该条例制定的前期调研阶段,相关部门深入金华市的各个区域进行考察。立法团队人员走访了老旧小区、新建城区、公园绿地以及易积水地段。与小区居民交流,倾听他们对雨天积水、排水不畅等问题的想法;与社区工作者探讨现有排水设施的运行状况;实地查看不同区域的地形地貌、排水管网布局,针对发现的问题,详细询问居民日常感受、相关部门管理难点等。借助这种全方位、多角度的调研方式,相关部门获取了大量一手资料,准确把握了金华在海绵城市建设方面的实际需求以及面临的关键问题,为科学、精准地制定《金华市海绵城市规划建设管理条例》提供了坚实有力的依据,确保该条例内容贴合实际,有效推动了金华市海绵城市的建设与发展。

（二）要在分析研究上下功夫

在处理和分析收集的第一手资料时，首要任务是进行细致入微的筛选与整理工作。这一过程不仅要剔除那些不真实的信息，还要筛选出具有重要价值的内容，并对各类数据进行仔细分类与提炼，目的是从中发现关键性的见解与潜在的模式。具体来说，应当区分那些已经达成广泛共识的观点和那些仍存在较大争议的意见，这样做有助于后续的研究分析更加有针对性，并且能够更有效地利用这些资料来支持研究的结论。

在接下来的步骤中，对于经过筛选得到的各类观点和建议，有必要进行更为深入的研究和论证工作。在这个过程中，至关重要的任务是确保所设计的法律法规既符合科学的原则，又能够体现民主的精神。这不仅要求我们在制定相关规则时，必须严格依据客观的自然规律和社会规律，而且需要在制定过程中充分听取和考虑广大民众的实际需求和合理诉求。只有这样，才能确保所制定的法律法规能够真正地反映社会大众的意愿和心声，切实推动社会实现公平与正义。以这种方式开展工作，不仅能够提升法律法规在科学层面的严谨性，还能够提升其在民众心中的接受度。

在调研过程中，应着重运用合适的方法，比如，综合采用定量分析和定性评估的手段，以此增强结论的可靠性与有效性。除此之外，还要秉持开放的心态，主动倾听来自不同背景和领域的声音，从多元视角审视问题，力求制定出既贴合实际又具备前瞻性的政策法规。

（三）要在成果转化上下功夫

首先，草案条文中纳入极具价值的建议是十分必要的。以《金华两头乌猪产业发展促进条例》为例，在探讨关于两头乌猪的定义时，我们进行了多次深入的调研和充分的论证。最初草案中关于金华两头乌猪的定义是这样表述的："本条例所称的金华两头乌猪（以下简称金华两头乌）是指产地在金华，头颈部和臀尾部为黑色，其余部分为白色，在黑白相交处有黑皮白毛'晕'带的地方猪。"经过反复的讨论和考量，最终决定将定义修改为："本条例所称的金华两头乌猪（以下简称金华两头乌）是指产地在金华，头颈部和臀尾部为黑色，其余部分为白色，在黑白相交处有黑皮白毛'晕'带的地方猪，属国家农产品地理标志产品。"这样的修改不仅明确了金华两头乌猪的地理标志属性,而且体现了我们对产业发展的重视和对地方特色产品的保护。

其次,向社会公开对公众意见的采纳情况。这一举措具备两方面的积极作用:一方面,它能够有效地激发和调动公众参与立法过程的积极性,因为当公众看到自己的意见被采纳并公开时,会感到自己的参与是有价值和意义的,从而更加积极地参与未来的立法活动。另一方面,这种透明度的提升也维护了公众对立法工作的知情权和监督权,当公众能够清楚地看到他们的意见如何被考虑和应用时,他们能够更为充分地对立法过程进行监督,切实保证立法活动的公正性与合理性。这种做法不仅增强了公众对立法机构的信任,也促进了立法过程的民主化和法治化,为构建更加开放和透明的政府治理体系奠定了坚实的基础。

最后,将调研的详细情况整理并编印成立法工作简报,这些简报分发给每一位起草单位、参与单位、司法行政部门、市人大的参与立法和审议的人员。通过这种方式,使每位成员在审议法规草案时,能够获得重要的参考信息,有助于提升法规草案审议的质量和水平。

第三节　立法听证

听证会作为科学立法与民主立法的关键举措,在保障立法质量方面发挥着重要作用。首先,借助听证会这一平台,立法机关能够聆听来自不同利害关系方以及专家的陈述、辩论,获取相关举证信息。这有助于立法者掌握最新的情况,发现之前未被注意的事实,收集更多有价值的信息,从而能够更有效地解决那些需要通过立法来处理的问题。其次,听证会为充分反映民意提供了平台,邀请利害关系人、不同利益群体的代表以及相关领域的专家参与其中,可以使各种矛盾和问题得到更为全面和深入的表达,以此避免立法过程出现盲目性,让所制定的法律能够切实贴合实际情况,更具可操作性。再次,听证会的过程能够使法案得到全面的审查和深入的讨论,在这一过程中,通过辩论,不同的意见和观点得以充分展现,这有助于逐步减少分歧,化解矛盾,最终形成一个能够被大多数人接受的法案，为法案的顺利通过和有效实施打下坚实的基础。最后，一般而言，听证会以公开的形式举行，这种公开性给予参与者直接介入立法过程的契机，也让他们在参与的同时接受深刻的法治教育，这种参与和教育的过程有利于在全社会范围内形成遵守法律的良好氛围。

一、立法听证范围

这关乎听证会的适用范畴，其目的在于保障立法过程的透明度以及公众的参与程度，借助听证会能够收集来自不同利益相关方的意见和建议。立法听证会的范围通常由立法机关根据立法项目的性质、重要性以及社会公众的关注程度等因素来决定。

通常立法听证可分为两类。其一为法定听证，即当申请听证的人数符合法定数量标准，或者法律针对某些特定议案明确规定需要举行听证时，议会的相关委员会就必须组织听证活动；其二是决定听证，指的是议会的相关委员会对某些法案具有决定权，这些委员会能够通过决议的形式来确定是否对这些法案开展听证。[1]

在我国，哪些法案需要经过听证程序呢？2000 年颁布实施的《立法法》仅仅提出了可以采用听证会等不同形式来听取社会各界对于法律法案、行政法规草案的意见和建议。到 2015 年，《立法法》经历了重要的修正，这次修正不仅明确了在哪些情况下需要举行听证会，同时，明确了应当听取来自哪些方面的意见，而且针对如何处置在听证会上收集的意见，也提出了具体的要求。依据 2023 年修正的《立法法》第 39 条第 3 款的规定，倘若法律案中有关问题存在重大的意见分歧，或者涉及的利益关系需要重大调整，应当组织并召开听证会。在听证会上，需要听取来自基层和不同群体的代表、政府部门、人民团体、专家学者以及全国人大代表等多方面的意见和建议。此外，听证会的整个过程和收集的意见情况，都应向人民代表大会常务委员会报告相关情况。

[1] 朱琳：《我国公众参与地方立法的缺陷及对策》，载《法制与社会》2009 年第 3 期。

二、立法听证时机

立法听证时机,是指在立法的哪个阶段举行听证会。但是立法听证并非立法流程中的"必选动作",其启动时机需要精准判断,过早,草案可能会不成熟,导致讨论空泛,过晚,可能存在立法程序临近收尾而使意见难以被吸纳的情况。理想的听证时机应满足两个核心条件:一是法案草案已形成基本框架,核心条款明确,争议焦点清晰,此时听证能围绕具体内容展开,避免无的放矢;二是处于立法机关审议阶段但未进入表决程序,留有足够时间将听证意见转化为立法修改方案。因此,通过其他形式,比如,立法论证会、座谈会等来解决立法必要性的问题,可能会比单纯通过立法听证会的形式来得更为有效和直接。

在实际操作中,立法机关会结合法案的复杂程度和社会关注度来综合确定听证时间。对于一些涉及面广、调整关系复杂的法案,可能会安排多次听证。例如,在《劳动合同法》修正过程中,针对劳务派遣的适用范围这一争议点,立法机关先后在草案一审和二审后分别组织了听证。第一次听证主要收集了企业对劳务派遣岗位"三性"(临时性、辅助性、替代性)界定的意见,第二次听证则聚焦于修改后条款的可行性,通过多次听证逐步完善相关规定。

此外,一些特殊情况也会影响听证时机的选择。如突发公共事件引发的相关立法需求,可能会适当缩短听证准备时间,但仍会保证基本的听证程序和意见收集环节,以确保立法的应急性与民主性相统一。

三、立法听证机构

立法听证机构,指的是专门负责组织和召开立法听证会的官方机构或组织。这些机构通常由政府相关部门设立,旨在通过公开、透明的听证程序,收集社会各界对于即将制定或修改的法律法规的意见和建议。立法听证会为公民、专家学者、利益相关方等提供了表达观点、参与立法过程的平台,确保了立法的民主性和科学性。[1]

---

〔1〕 王帅:《加强物业管理地方立法统筹(下)——统筹物业管理地方立法的内在一致性》,载《住宅与房地产》2024 年第 28 期。

在探讨立法听证机构的不同做法时，我们可以看到，不同国家和地区在组织立法听证会方面有着各自的特色和差异。在一些地方，立法听证会是由立法机关直接负责组织的，这些听证会可能由人民代表大会的专门委员会来主持，也可能由人民代表大会常务委员会来负责。除此之外，还有些听证会是由人民代表大会常务委员会的主任会议来组织的，这样的安排有助于确保听证会的权威性和正式性。另外，也存在由人民代表大会常务委员会的工作机构来组织的立法听证会，这样的机构通常具备丰富的行政资源和组织经验，能够有效地协调听证会的各个环节，确保听证会的顺利进行。这些不同的组织方式反映了立法听证机构在实践中的多样性和灵活性，也体现了各地在立法程序和民主参与方面的不同理解和实践。

对上述这些做法加以审视，能够察觉到它们各自都有一定的参考意义。法案提出主体的不同以及立法程序的差异，决定了在选择立法听证机构时应区别对待。具体而言，若法规案由人民代表大会的相关专门委员会提出，那么听证会的组织工作就应由该专门委员会负责；如果法规案由政府方面提出，那么在人民代表大会常务委员会初次审议之后，可由承担统一审议职责的人民代表大会常务委员会来组织听证会。立法工作对技术性有着较高的要求，鉴于此，由人民代表大会常务委员会组织听证会，有助于提高立法工作的整体质量。

四、立法听证参加人员

听证参加人员的构成直接决定了意见的代表性与全面性，其筛选应遵循“利益关联”与“专业互补”双重原则。核心群体包括以下三类。

利益相关方是听证的核心参与者，涵盖所有可能受法案影响的个体或群体。例如，在《金华两头乌猪产业发展促进条例》中，养殖企业、个体户、火腿生产企业等均属于直接利益相关方，其意见往往涉及具体权益的增减。筛选利益相关方时，要充分考虑不同规模、不同性质的主体。例如，在《金华市企业科技创新促进条例》听证中，不仅要邀请大型企业代表，还要吸纳小微企业主的意见，以反映不同规模企业的实际需求。

专家学者是提升听证专业性的关键力量。法律学者可从条文逻辑、法理依据角度提出修改建议；行业专家能够结合实践经验指出制度漏洞（如有关医疗保障法律听证中，医保经办机构专家对报销流程的优化建议）；社会学家则可从公共治理视角分析法案的社会影响，形成多维论证体系。为了保证专家意见的客观性，要避免选择与某一利益群体存在密切关联的专家，同时可邀请不同学术流派、不同研究方向的专家参与，以形成多元的专业视角。

公众代表的参与是民主立法的直接体现。通过公开报名、随机抽取等方式产生的公众代表，虽可能不具备专业背景，但其意见往往反映普遍的社会关切。例如，在有关噪声污染防治法律听证中，广场舞爱好者与周边居民的对立诉求，推动了“限时降噪”条款的细化。在公众代表的筛选过程中，要注意地域、年龄、职业等方面的均衡性。如在制定老年人权益保障法相关配套法规听证时，要保证不同年龄段、不同地区老年人的代表比例，同时可适当吸纳中青年群体的意见，因为他们与老年人的生活息息相关。

值得注意的是，参加人员的比例应动态平衡，避免某一群体过度占据话语权。通常情况下，利益相关方、专家、公众代表的比例可控制在 5∶3∶2 左右，具体可根据法案性质调整。对于一些专业性较强的法案，可适当提高专家的比例；而对于与群众日常生活密切相关的法案，则可增加公众代表的数量。

除上述三类核心群体外，听证参加人员还可能包括人大代表、政协委员等。他们作为国家权力机关和参政议政机构的组成人员，能够从更宏观的角度对法案提出意见和建议，促进立法与社会发展相适应。

五、立法听证准备

听证的顺利开展依赖周密的前期筹备，应围绕“信息对称”与“程序公正”展开。

听证公告发布是首要环节，应明确听证议题、法案草案、报名条件、截止时间及听证规则，通过官方网站、新闻媒体及新媒体平台传播，确保潜在参与者知晓，复杂条款应附通俗解释。

参加人员筛选要兼顾代表性与专业性，工作小组应审查报名者背景，避免利害关系人担任关键角色，通过分层抽样保证群体多样性，确定名单后公开接受监督。

听证材料应包含法案草案、立法背景、数据报告等，确保真实准确，为参加人员预留研究时间，针对复杂法案，可组织线上、线下说明会解读条款。

听证现场应设置发言席、旁听席、记录席，配备音视频和计时设备；线上听证应提前测试网络,安排技术支持。

此外,应制定应急预案,应对人员缺席、秩序混乱、设备故障等突发情况,保障听证顺利进行。

六、立法听证报告

立法听证会圆满落幕之后,由主持人牵头,依据翔实的听证记录,经过听证参与人员的深入讨论和评议,最终形成一份全面而详尽的听证报告。随后,这份听证报告将被正式印发给所有参与听证的人员以及陈述人。如果听证会由人民代表大会组织,那么听证报告还应当送至人大常委会的各位委员手中。听证报告的内容必须客观和真实,其核心部分包括听证会的基本情况,即时间、地点、参与人员等;陈述人的基本观点、论据以及在听证过程中争论的主要问题;听证人的意见和建议,这些意见和建议是听证会中非常重要的成果,反映了社会各界对法案的看法和期望。

立法听证报告在立法过程中扮演着至关重要的角色,它应当是审议和修改法案的重要依据。对于听证报告中提出的重要意见,如果审议法案时未被采纳,那么人大法制委员会或者相关的专门委员会有责任在人大常委会审议法案的过程中,对这些未被采纳的意见作出明确的说明和解释,以确保立法过程的透明度和公正性。[1]

第四节　文稿起草

起草立法草案是一项既严谨又复杂的工作,这就意味着起草者必须严格遵循一系列既定的法律程序与标准。在起草过程中,起草者不仅要精准传达立法的意图和目的,还要确保所起草的法律文本具备高度的可操作性。为达成这些目标,

〔1〕 参见江苏省人大常委会研究室:《于庆华:听证是科学立法民主立法的重要举措》,载江苏省人民代表大会常务委员会官网,http://www.jsrd.gov.cn/zt/rendazhidugaigeyugongzuochuagnxi/lifgongzuojizhi/201608/t20160826_431572.shtml。

起草立法草案时,应着重关注以下几个关键要点。

一、明确立法的目的

明确立法的目的与依据是构建法治社会的重要基石之一。这一过程不仅关乎法律文本的撰写,更涉及对社会需求、公共利益以及现行法律框架的深入考量。确立清晰的立法目的可以为法律工作者和社会公众提供明确的指导方向,确保他们在理解和适用法律时有一个共同的标准,从而减少误解与分歧。此外,一个明确的立法目的还可以防止立法者偏离原本的立法意图,保证法律的每一项条款都紧密围绕既定目标来制定。明确立法目的,也有助于提升法律的透明度,让公众能够更清晰地理解法律的意图以及适用范围,进而增强公众对法律的接受程度。以《金华两头乌猪产业发展促进条例》为例,其从立法工作启动之初,就有着极为明确的立法目的,为整个立法过程指明了方向。

立法依据作为法律条文的基石,是其合法性的直接来源。它一般以宪法原则或现行法律体系中的相关规定为依据。立法者通过援引上位法或其他相关法律规定,能够保障新法律与现行法律体系保持一致,防止出现法律冲突或内容重叠的问题。这不仅增强了新法律的权威性,也为执法机构提供了明确立法依据,还有利于保证法律的连贯性与稳定性,为社会成员营造可预期的法律环境,进而推动社会秩序的维护以及公平正义的实现。

除此之外,清晰明确的立法目的和立法依据,能够增强公众对法律的信任。这是因为它们充分显示出立法活动并非随意、主观臆断的行为,而是一个经过深入思考、有着充足依据的过程。这对于维护社会的稳定秩序,以及促使公民自觉地遵守法律,有着举足轻重、不可小觑的作用。因此,在起草任何一项法律前,深入研究并确定其目的和依据,都是立法工作中不可或缺的一个环节。只有当立法者充分考虑了社会的多元需求和法律的长远影响,才能制定出既公正又有效的法律,从而为构建和谐社会奠定坚实的基础。

二、条例草案的结构与格式

(一)条例的组成部分

1. 总则:作为法规的第一章,其内容涵盖了立法的根本目的和依据,明确了法规的适用范围，对法规中出现的基本概念进行了详细解释。此外，总则还阐述了法规所遵循的基本原则，以及执法主体的职责权限等具有总括性质的内容，为法规的全面实施奠定了基础。

2. 分则：作为法规的主体部分，分则通常详细规定了公民、法人和其他组织在法规中的权利与义务，以及相关的行政许可、行政强制措施和法律责任等具体事项。以《金华市婺剧保护传承发展条例》为例，分则部分涵盖了针对婺剧保护传承的具体办法、人才培养的途径、创新发展的策略以及保障监督的机制等。再如，《金华两头乌猪产业发展促进条例》分则部分涵盖了繁育技术推广、加工环节规范、品牌建设策略以及保障措施等内容，其目的在于推动该产业朝着健康的方向发展。

3. 附则：作为法规的辅助或补充部分，附则一般包含对法规中出现的专业名词和术语的解释，明确了法规的施行日期，以及法规废止的相关事项等。这些内容补充了正确理解和执行法规所必需的信息，保障了法规实施过程中时间界限的明确性以及术语界定的清晰性。

（二）条款排列

1. 条的设置："条"是构成法规的最基础结构单元。每一条文所规定的内容相对独立，并且各条文之间应维持一定的逻辑联系，以此来保障整个法规具备连贯性与系统性。条文的篇幅要恰当，过长会导致阅读和理解时产生困难，过短则难以充分表达内容。在条文中，可以设置款或者项，以进一步细化和明确条文的内容。

2. 款和项的设置：如果一个条文的内容较为复杂，可以划分为两个以上的层次，但又不宜将其分为几个独立的条文进行表述，那么每个层次可以作为一款进行表述。在款中，如果需要进一步细化内容，可以设置项，所设置的项数不应少于三项，从而保证内容的完整与详尽。

三、条例草案起草的程序与步骤

在开始起草工作之前，必须进行一系列的准备工作，包括对相关领域的深入研究，广泛咨询专家和利益相关者的意见，以及制订周密的计划。这些步骤对于确保起草工作的顺利进行和最终成果的质量至关重要。

1. 着手撰写初稿前，务必深入调研拟立法领域的现状，广泛收集与之相关的数据和信息，深入剖析存在的主要问题及其产生的原因。这一环节是保障立法工作能够精准解决实际问题的重要基础。

2. 在深入研究和调研的基础上，开始撰写初稿。在撰写时，一定要注重条理清晰、逻辑严密。每个条款都要进行细致考量，确保表述精准，杜绝出现任何可能导致误解的描述。

初稿完成后，小组成员需要进行内部讨论，对初稿提出修改意见，通过集体智慧不断完善文稿的内容。在讨论过程中，需要特别关注那些争议较大的条款，确保各方的观点和利益得到充分考虑和平衡。

在内部讨论和修改的基础上，将修改后的文稿面向社会公众公开，广泛征集意见和建议。借助问卷调查、座谈会等多样化方式，广泛收集社会各界的意见，特别是各利益相关方的看法。

3. 专家评审：(1)邀请法律专家、行业专家对文稿进行全面评审，确保其合法性、合理性及可行性。(2)根据评审意见对文稿作进一步修改，直至达到预期效果。

通过以上这些步骤，立法文稿起草工作不但能保证法律文本的质量，而且能为法律法规的制定提供科学合理的依据，从而有力推动法律法规的高效实施以及社会的和谐稳定发展。

第五节　双组长会议

一、什么是双组长会议

双组长会议是一种特殊的会议形式，被用来解决那些复杂或敏感的问题，特别是在立法阶段，当需要市人大和市政府共同参与决策时显得尤为重要。在这种会议模式下，通常由人大和政府的主管领导分别担任组长，共同主持会议，这样做是为了确保决策的权威性和代表性，从而使最终的决策能够得到广泛的认可和支持。

双组长会议具有双组长制这一关键特征，双组长制使会议呈现高规格、专业性与综合性的显著特点。双组长会议在注重民主决策的同时，也着重追求高效性，力求在确保决策质量的基础上，提升决策效率。这种会议形式可以有效地协调人大和政府之间的关系，确保决策过程的沟通和协调顺畅无阻。

在双组长会议的架构下，一般由一名人大常委会副主任和一名副市长共同肩负起组长的职责，这一人员安排充分彰显了立法机关与行政机关之间的协作关系。这种合作模式对于保障决策的合法性以及可执行性意义重大，原因在于两个部门的领导共同参与其中，能让决策更好地契合法律规范，并且在决策的执行阶段，能获得两个部门全方位的支持。由于双组长会议通常围绕重要的立法议题或关键决策展开讨论，因此参与会议的人员在级别上普遍较高，包括人大常委会委员、政府相关部门负责人、专家顾问等。讨论的内容往往需要专业知识支持，同时需要从全局角度考虑问题的影响和解决方案。会议强调多方参与、广泛征求意见，确保决策过程公开透明，体现民主原则。鉴于参与决策的人员级别较高，会议通常能够在较短的时间内达成共识并作出决策，进而迅速回应社会和经济发展的需求。

二、双组长会议的流程

- 会议安排
  - 准备工作
    - 确定会议目的、主题及重点和预期结果
    - 准备详细议程草案
    - 确定包括组长和关键人员的参会人员
    - 准备工作报告等会议材料
    - 拟定含时间分配的详细议程
    - 发送通知并确认参会情况
  - 工作汇报
    - 组长致辞介绍会议目的和意义
    - 各部门汇报工作进展、问题及计划
    - 特定项目或任务的专项汇报
  - 讨论环节
    - 围绕主题讨论主要问题及成因
    - 征询参会人员意见和建议
  - 决策制定
    - 充分讨论后达成共识
    - 根据讨论结果制订含时间、责任人、资源的计划

（一）准备工作

1. 确定议程：清晰界定会议的目标与主题，让所有参会人员都能确切知晓会议的核心议题，包括确定会议讨论的重点，以及希望达到的结果。

2. 准备详细的议程草案：列出会议的每一个环节，包括开场白、议题介绍、讨论时间、决策制定、总结发言等，确保会议能够按照预定计划进行。

3. 确定参会人员：除两位组长外，还应邀请所有相关部门的关键人员参加，确保会议能够涵盖所有必要的意见和建议。

4. 准备会议材料：提前准备好会议所需的各类文件资料，如工作报告、统计数据、研究分析结果等，以便参会人员事先熟悉情况。

5. 拟定会议议程：根据会议主题，拟定详细的会议议程，明确每个议题的时间分配，确保会议高效有序地进行。

6. 通知与确认：向所有参会人员发送会议通知，并确认他们是否能够出席，以便做好后续安排。

（二）工作汇报

1. 组长致辞：由双组长之一发表开场讲话，简要介绍会议的目的和重要性，强调本次会议的意义。

2. 各部门报告：请各部门负责人就近期工作进展、存在的问题以及下一步计划作简要汇报。

3. 专项汇报：针对特定项目或任务，邀请相关人员详细介绍进展情况。

（三）讨论环节

1. 问题讨论：围绕会议主题，展开深入讨论，重点探讨当前面临的主要问题及其成因。

2. 意见征询：广泛听取参会人员的意见和建议，鼓励大家积极发言，提出自己的看法。

（四）决策制定

1. 达成共识：在充分讨论的基础上，寻求各方的共同点，达成一致意见。

2. 制订计划：根据讨论结果，制订具体的行动计划，明确时间节点、责任人及所需资源。

双组长会议成效斐然，作为高效的决策机制，在诸多层面大幅提升了不同团队或部门间的协作效率，显著优化了决策质量。首先，双组长会议能够有效凝聚思想，其核心目标之一是让所有参会者对当前局势形成全面且统一的认知，不仅包括对现状的一致理解，对面临问题的清晰认识，还有对未来机遇与挑战的共同识别。这种共识为制定统一的战略方向奠定了坚实的基础，避免意见不合导致目标偏离，从而确保团队能够朝着共同的目标前进。

其次，双组长会议在明确责任分配方面发挥了重要作用：会议期间，通过细致的讨论与协商，清晰地界定了各个小组和个人的任务及责任范围。这个过程有助于消除责任不清带来的不确定性，确保每位成员都清楚自己的职责所在，包括何时何地以何种方式履行这些职责。清晰的责任界定同样能够有效增强个体的责任意识，进而提升整个团队的工作效能。当团队中的每一位成员都对自身的角色与职责有明确认知时，团队的执行力度与协作水平必然会得到显著提升。

最后，双组长会议在协调行动与促进问题解决方面也起到了关键作用，特别是在多部门或多项目合作的情况下，协调工作至关重要。双组长会议提供了一个理想的平台，用于讨论并规划各方的具体行动步骤，避免缺乏协调导致工作重叠或遗漏。通过预先对各个阶段的实施细节进行规划，能够高效整合资源，确保各项任务实现无缝对接。此外，会议作为一个关键平台，为解决复杂问题提供了契机。参与者可以围绕实际工作中面临的问题展开深度交流，集思广益，共同探寻最佳的解决方案。如此一来，不仅加快了问题的解决进程，还提升了团队成员处理问题的能力，使团队能够更加灵活和高效地应对各种挑战。

三、以《金华两头乌猪产业发展促进条例》为例的双组长会议

（一）制定《金华两头乌猪产业发展促进条例》的过程

在《金华两头乌猪产业发展促进条例》的立法进程中，立法团队遭遇了一个极具挑战性且影响深远的重大议题：是否将该条例与金华火腿的立法合并。这一议题不仅涉及产业发展的战略布局，还关乎地方经济的整体布局和长远发展。为了高效且权威地处理这一复杂议题，立法团队决定采用双组长会议这一特殊的决策机制。双组长会议作为一种创新的会议形式，通过整合多方资源和智慧，为解决复杂问题提供了有力保障。

双组长会议的独特之处在于其由两位具备较高决策权的主要负责人共同主持。这两位领导者通常来自不同的机构或部门，但在处理特定议题时，他们肩负着共同的责任，也有着共同的目标。比如，市人大常委会的一名副主任与市政府的一位副市长就共同承担起了双组长的职责。这样的人员配置，既充分彰显了立法机关与行政机关之间紧密的合作关系，又切实保障了决策过程具备权威性与广泛的代表性。通过双方的共同努力，最终的决策能够得到社会各界的广泛认可和支持，从而为立法工作的顺利推进提供坚实的保障。

（二）双组长会议的安排及其优势

双组长会议的安排，不仅能够确保议题从法律制定的角度得到充分考虑，也从政府执行层面获得了必要的支持。在立法过程中，市人大常委会副主任作为立法机关的代表，能够从法律框架、政策导向和立法技术等方面提供专业的指导和建议，确保条例的合法性、科学性和前瞻性。而市政府副市长作为行政机关的代表，能够从产业政策、市场环境和执行能力等方面提供实际的支持和保障，确保条例在实施阶段能够得到有效落实。

除此之外，双组长会议能够有力推动不同部门间的沟通与协调，有效防止单一部门主导决策所可能产生的片面性。在传统的决策模式下，单一部门往往由于视角的局限性，难以全面、综合地考量问题的复杂性与多样性。而双组长会议通过整合人大和政府的优势资源，能够从多个维度对问题进行深入分析和探讨，形成更为公正和全面的政策导向。这种合作模式不仅提升了决策水准，还强化了社会各界对决策的认同感，激发了他们参与决策过程的积极性。

（三）对《金华两头乌猪产业发展促进条例》的深远影响

就《金华两头乌猪产业发展促进条例》而言，双组长会议的决策方式意味着条例的制定不仅仅着眼于某一产业的发展需求，这种方式全面综合地考虑了地方经济的整体规划和未来发展走向。金华两头乌猪作为金华市极具特色的农产品，蕴含着深厚的历史文化内涵，同时具备独特的经济价值。凭借双组长会议所达成的共识，能够更为妥善地协调各方面的利益关系，有力地推动地方特色农产品在品牌塑造和市场开拓方面的工作。

这种全方位考量并平衡各方利益的举措，对金华两头乌猪产业的长远发展大有助益。一方面,借助立法手段对金华两头乌猪产业进行保护与推动,能够增强其市场竞争力,提升品牌影响力,进一步稳固该产业在地方经济中的关键地位。另一方面,通过与金华火腿立法的合并或协同推进,可以实现产业链的延伸和整合,促进相关产业的协同发展,带动整个区域的经济发展。

同时,这种决策方式也对其他相关产业产生积极的推动作用。通过整合资源、优化布局和协同推进,可以形成产业集群效应,进一步增强区域经济的综合竞争力。总之,这种全面且科学、民主的决策机制,能够为金华市的可持续发展提供坚实有力的支持,切实推动区域经济实现全方位提升。

第四章　地方性法规草案的审议和修改

第一节　准备工作

地方性法规的起草迈入第二个阶段，此时，立法工作的主体或者中心变为司法行政部门。过往笔者参与的立法实践中积累的经验是，作为负责对法规草案进行审查的司法行政部门，首先应当召集起草部门以及主要的相关部门、单位负责人进行座谈，共同研究制订该阶段调研工作的具体方案，如调研的时间、地点、参与人员、调研对象、调研方法、调研提纲等。司法机关可通过单次或多次会议推进，了解各部门单位对于当前版本法规草案持有的疑问和异议，特别是与部门职责相关的条文内容。在各个条款设计不够完备的前提下，难免会出现部门职责设置错误或责任不明确，某项工作对应具体职能部门缺失，草案规定与已出台政策冲突等诸多问题，司法行政部门以及起草部门可以充分利用这样的机会，听取有关部门的意见和提出的问题，在之后的调研和审查工作中予以考量。

作为第三方起草单位，这样的座谈，其实是应该争取参加的。起草部门在收到司法行政部门的通知后，最好马上与负责起草工作的第三方单位取得联系，转达通知内容，给予第三方立法团队准备的时间。负责起草工作的第三方单位全面梳理上位法依据、各地方同类法规依据、政策文件依据以及其他参考资料。如果有可能，可以在座谈开始前分发给与会的各部门负责人，当讨论到某个具体条文内容的出处和依据时，尽快地指出其源于参考资料的哪一页哪一句，辅助起草部门，对各方提出的问题进行解答解释。当前版本草案若确实存在需要修改的问题，可以记录下来，回去仔细研究，切忌在会上讨论细枝末节的问题，耽误座谈的进展，舍本逐末；也可以在座谈结束后，向提出问题的部门单位虚心请教，询问是否有具体的修改建议或者想法，认真听取，留待后续与团队一起讨论论证。

第二节　司法局调研

一、准备调研

司法局阶段的调研工作与第一阶段有较大不同，调研的目标、方案、对象、提纲等均要作出调整，整体调研范围是扩大化的。接下来，笔者结合团队近期参与的地方性立法项目予以具体说明。

（一）调研的方向

司法局阶段的调研不再像第一轮起草条例那样，此阶段调研的目标已经发生变化。主要针对内容基本成型的草案的具体条款展开讨论，征集各相关部门、单位、协会、企业及个人的意见，对每一条每一款细致打磨，丰满不够具体完善的内容，削减难以落实的规定，仔细研究各个行业和各个层级的利益需求，像拧麻绳一样，几股绳的粗细、长短、弹性应相互匹配，保证公平公正。

（二）调研的对象

调研的对象更有针对性。以团队参与起草的立法项目为例，基于首轮调研的记录和经验总结，我们充分考虑了更多有关单位的职责，将工商联、供销社、保险公司、生猪协会、火腿协会、餐饮协会、职业院校、邮政部门等单位一同纳入了调研对象范围，并且改“坐堂听诊”为“上门寻诊”。深化调研的全面性，打破会议座谈的局限性，深入基层一线，更广泛地听取意见建议，直面问题症结，为破解难题指明方向。

（三）调研的问题

调研问题更深化细化。该阶段不再抛出大量的浅层的问题，而是对条例草案的合理性、规范性、可行性进行初步论证，对设计的条文提出更加尖锐、深入、细枝末节的问题。另外，问题最好是由法律专家、行业专家一起设计，这样既能紧扣行业痛点,也不至于在法律问题上出现争议,能够提高调研的效率。

二、调研方法

(一)实地走访与数据收集

初期调研阶段的核心在于深入实地走访,以直接观察和沟通交流的方式,获取真实可靠的原始信息。以《金华两头乌猪产业发展促进条例》为例,团队走访了金华市及其下辖的多个县市区,深入考察不同规模的两头乌猪养殖场、繁育基地、屠宰场、加工企业和销售网点。在实地走访调研期间,不仅获取了丰富翔实的原始信息素材,还通过与当地农户、企业负责人的直接交流,深入了解了他们的需求和困难。例如,在某个养殖基地的调研中,我们发现该基地虽然引入了先进的养殖技术,但由于缺乏资金支持,养殖规模难以扩大。该基地的负责人指出,当前市场价格波动剧烈,导致养殖户收益不稳定。这一问题在调研报告中得到了充分反映,并引起了后续政策讨论的关注。

此外,通过对屠宰场和加工企业的考察,发现产业链各环节之间的协调性不强,信息流通不畅,导致产业效率低下。这些问题为后续的政策设计提供了重要参考,也成为法规起草过程中重点考虑的因素。

(二)组织座谈会

由于第一阶段起草工作已经有了实地走访的基础,第二阶段的调研以座谈会为主,除立法部门、司法行政部门和起草部门组织的多场座谈会外,我们也组织了多次座谈,通过起草部门邀请了产业链各个环节的代表参与。

座谈会的参与者包括养殖户、加工企业负责人、市场专家、农业专家以及有关部门工作人员。座谈会上,要围绕产业的现状、发展瓶颈、政策需求等问题进行深入讨论。另外,还需要邀请一些法律专家,他们的作用不仅是关注座谈会中提出的问题,还能够从法律的角度分析这些问题可能带来的影响,并提出相应的解决方案。

(三)问卷调查

可以设计针对不同调研对象的问卷,内容涵盖政策执行情况、产业链运作现状、市场需求、品牌建设等多方面。为切实保障数据的代表性和精准性,建议将问卷分发给不同规模的企业、合作社以及个体工商户,并通过多种渠道回收问卷,以获取尽可能多的反馈。

对问卷数据进行剖析,能够系统掌握产业链各环节的诉求与痛点。以团队参与的农业立法项目为例,问卷数据显示,许多小型养殖户对当前的政策扶持力度表示不满,认为资金和技术支持不足,这一问题在后续的立法讨论中得到了重点关注。

第三节　合法性论证

(一)何为合法性论证

立法的合法性可以从两个维度考量:一是立法项目是否在立法主体的法定权限范围内;二是立法项目是否与现行的相关法律、行政法规协调匹配。我国构建起统一且分层次的立法体制框架,在坚持全国人大及其常委会集中行使国家立法权的前提下,赋予地方人大制定地方性法规的权限,促使地方因地制宜解决本地特有问题,但不能与国家法律、行政法规相违背。这就要求我们进行合法性论证时,一是明确地方立法权限,属于中央专属立法权的,地方人大坚决不能涉足;二是关注拟订法规是否与上位法相背,既要避免条文表述的直接冲突,更要保证立法价值取向、核心准则与上位法一脉相承,特别是在拟订有关行政措施、赋予执法部门特殊手段时,更要符合法律法规的有关规定。

地方性立法的合法性应从以下几个维度严格把控:一是立法权限合法,地方立法不得超越法定权限;二是立法内容合法,地方立法不得与上位法的具体规定相抵触,不得违法设置行政处罚、行政许可、行政强制;三是立法宗旨合法,不得与上位法的精神实质、价值追求相违背,杜绝以立法之名行部门利益扩张或地方保护之实;四是立法程序合法,法规案提请主体合法,并按照立法程序要求公开、民主,不随意增加或者创设程序、减少程序。

由此可见,合法性论证贯穿立法全过程,是保障法规质量的关键环节,它不仅为法规的合法性提供支撑,更是实现法规实施效能的重要前提。

（二）起草地方性法规可能遇到的合法性问题

首先是权限范围问题。地方立法不得超越法定权限，这意味着地方人大不能涉足中央专属立法领域。在立法过程中，必须明确哪些事务属于中央立法权限，哪些事务属于地方自主管理范畴。例如，涉及国家安全、外交、军事等方面的立法属于中央专属立法权限，地方无权涉足。地方立法大多是在上位法已经制定出台的基础上，为了在地方落实相关规定，结合地方实际情况制定的，如保护利用型的地方性立法，通常围绕地方独特资源的保护利用、“活化”传承与传播推广而制定；产业振兴型的地方性立法，主要目的在于推动地方特色产业的可持续发展与竞争力提升。

其次是与上位法一致性问题。地方性法规必须严格遵循国家法律、行政法规的规定，所制定的条款既要避免与上位法相冲突，更要确保立法精神与上位法的要求相统一。例如，在环境保护方面，地方性法规不应低于国家标准；反之则易滋生地方保护主义或标准不一的乱象。

再次是立法程序问题。地方性法规案的提请主体合法，并遵循公开、民主原则，听取社会意见，不得任意增删修改程序。例如，法规草案在提交审议之前，应当公开征求社会各界的意见，确保立法过程透明化、民主化。

最后是制度设计问题。地方性法规的制度架构要科学合理，权力与责任应对等配置，权利与义务应公平分配，法律责任的界定与违法行为的社会危害程度应匹配。例如，设置的行政许可、行政处罚等措施应当恪守比例原则，避免过度干预或处罚不当。然而，在实际起草过程中，由于起草单位仅熟悉专业事务，且作为主管部门存在规避管理责任的倾向，就容易出现一部地方性法规中主要的政府职能部门权力与责任不对等的情况。

（三）地方性立法的合法性论证具体要做些什么

首先，合法性论证需要明确立法权限，确保立法项目不在中央专属立法权范围内。地方立法应当立足于地方特色，解决地方实际问题，避免与中央立法重叠或冲突。

其次，对比上位法，对草案中的具体条款进行审查，确保它们与上位法的规定保持一致。还需要审查立法精神，确保立法宗旨与上位法的基本精神相一致，避免部门利益和地方保护主义法治化。例如,在制定促进产业发展条例时,应当着眼于产业长远发展,而非暂时的经济效益。

最后,确保程序合规,法规案提请主体合法,并依照法定程序进行了采购、起草、公开征求意见、召开听证会等环节,确保每一个环节都符合法定要求,程序正当。

(四)需要组织哪些人来参与

司法行政部门作为该阶段的主要负责部门,应提前做好准备工作。与此同时,司法行政部门作为合法性论证的参与者之一,应承担对法规草案合法性进行全面审查的职责,确保草案内容符合法律规定的程序和内容要求。

司法行政部门应邀请起草部门代表,由其负责介绍草案背景、目的和主要内容,提供立法草案的详细信息。邀请其他相关部门代表,由其提供与草案相关的具体业务信息,确保草案内容的实用性和可操作性。邀请法律专家,由其提供法律视角下的专业意见,确保草案内容的合法性。邀请行业专家,由其提供行业内部的实际操作经验和建议,确保草案内容的合理性。

(五)参与合法性论证各方的主要分工

司法行政部门在合法性论证中需要注意以下几点。

1. 专业把关。在程序合法性方面严格把关,确保所有流程符合法律要求。例如,法规草案在提请审议之前,必须履行公开征求意见的法定步骤,司法机关需要对立法各环节进行全面检视,确保各阶段程序得到完整执行。

2. 听取意见。重视来自不同部门的意见,特别是负责实施法规的部门,因为他们最了解法规的实际情况。例如,在制定食品安全条例时,应听取食品监管部门的意见。

3. 协调一致。确保法规内容与上位法协调一致,避免不必要的冲突。例如,在食品安全相关立法中,地方出台的法规不应与《食品安全法》相抵触。

4. 组织听证会。对于复杂或有争议的合法性问题,组织听证会听取多方意见,在提升决策的透明度和公信力的同时,也要基于专业视角提出建设性意见,协助各方将问题论证透彻,切实解决问题,避免将问题带到下一个阶段审议。

起草部门在合法性论证中需要做到以下几点。

1. 提供背景资料。向司法行政部门和其他相关部门提供详细的背景资料，帮助他们更好地理解草案的意图。例如，提供立法目的、草案制定的历史沿革等信息。

2. 参与讨论。积极参与讨论，回答各方提出的问题，解释草案中的关键点。比如，在座谈会上，负责起草的部门需要对草案中涉及的专业术语予以详细解释。

3. 记录意见。记录各方提出的修改意见，为后续的修改工作提供依据。例如，记录司法行政部门、法律专家对草案具体条款提出的修改建议。

4. 修改草案。根据各方意见，对草案进行必要的修改，确保草案内容的合法性和合理性。

5. 协助组织听证会。协助司法行政部门组织听证会，提供必要的技术支持和资料准备。

第三方起草单位的法律专家在合法性论证中需要做到以下几点。

1. 准备法律依据。准备好上位法依据、其他地方同类法规依据、政策文件依据等参考资料。依照笔者的工作经验，这些参考资料最好是纸质资料，方便翻阅，自己可以将收集的法律依据整理成有二级到三级目录的电子格式，方便随时翻阅查找。由于通常会有大量庞杂的资料，不可能完全掌握，故而，当部门人员在交流中引用某部法律法规时，可凭借法律知识储备做到快速精准定位。

2. 提供法律支持。在座谈会上提供法律支持，当讨论到具体条款时，能够迅速指出其法律依据。例如，在讨论食品生产标准时，能够迅速引用相关的国家、行业标准，以及相关的法律法规，即时展示给与会人员。

3. 记录问题。记录各方提出的问题，尤其是那些需要进一步研究的问题。例如，记录司法行政部门对某一条款提出的合法性疑问。记录的方法不能拘泥于某一种，可以用有转文字功能的录音笔，纸笔记录也不可或缺，因为用笔记录往往是经过听者提炼的，最好是多人分头记录，这样也可有效防止问题记录产生误差。

4. 参与讨论。要积极与提出问题的部门沟通，了解具体的修改建议，并与团队讨论验证。例如，经与司法行政部门沟通，了解其对草案中某一条款的具体修改意见。不能因为在场的专家以及政府部门领导多就觉得可以置身事外，可以少发言甚至不发言，与他们交流是十分必要的。

5. 协助修改。根据讨论结果，协助起草部门进行草案的修改工作。例如，根据司法行政部门的意见,修改草案中不符合上位法规定的条款。

6.参与听证会。在听证会上,作为法律专家提供专业的法律意见,与其他法律专家和行业专家共同讨论法律问题。作为行业专家和法律专家,在听证会上的作用如下:(1)提供专业见解。行业专家从行业实践出发,提出草案在实际操作中可能遇到的问题,法律专家则从法律角度分析草案的合法性。(2)参与讨论。在听证环节中,双方可以就草案的具体条款展开充分研讨,确保法规既具有可操作性又符合法律要求。(3)撰写论证报告。听证会后,双方可以联合撰写论证报告,总结听证会上的意见和建议,为后续决策提供参考。该项工作可以和负责起草的第三方合作完成,或者分别完成,具体可根据实际情况自行决定或由司法行政部门牵头协定。

7.研究复杂问题。对于复杂的合法性问题,与其他法律专家、行业专家以及各相关部门人员进行深入研究,形成书面的论证报告,为后续决策提供参考依据。

通过以上各环节的具体操作流程,司法行政部门、起草部门及第三方起草单位可以相互配合,确保地方性法规草案的合法性论证工作能够顺利进行,最终形成符合法律要求、具有前瞻性和科学性的法规文本。

第四节　资料准备

资料收集与整理工作是地方性立法工作中不可或缺的一环,在立法过程中发挥着贯穿始终的支撑作用,为草案的审议、修改和合法性论证提供坚实的基础。在草案的审议和修改阶段,资料准备的工作应当由司法行政部门发起,具体执行者是起草部门和负责起草工作的第三方律师团队。

一、资料的范围

准备资料时,应当广泛收集各类与立法项目相关的文献资料,确保资料的全面性和权威性。根据相关工作经验,建议按照以下四类进行收集整理。

1.上位法:是指高于地方性法规的法律、行政法规等。这些法律文件构建起地方性法规的基础制度框架,明确了核心指导准则。在收集上位法资料过程中,需要聚焦与地方性法规相关的国家法律、行政法规、部门规章等,保障地方性法规的制定不与上位法相抵触。

2. 其他地方性法规:参考其他地区已经制定的地方性法规,能够为立法工作提供宝贵的范例与实践启示。这些法规可能面临相似的问题和挑战,因此,研究它们的立法背景、条文内容和实施效果,对于制定符合本地实际情况的法规至关重要。需要注意的是,可收集参考的其他地方性法规既可以与正在起草的地方性法规为同一类型,也可以是不同类型。比如,要起草一部文化领域产业发展促进条例,而另一部农业领域产业发展促进条例中,其宣传推广方面的一些条文内容值得借鉴,此内容可以作为收集整理的重要参考资料。另外,同一地市此前出台过的地方性法规也值得仔细研究,其中很可能蕴含巨大的参考价值。

3. 政策文件:政策文件包括国家和地方的政策指导、规划纲要等,它们为地方性法规的创制提供了政策支撑和指引方向。政策文件的收集和研究有助于确保法规内容与国家政策部署保持一致。法规条款的设计应当紧扣相关的政策主旨,要让已经发布的鼓励支持性的政策能够乘着相关地方性法规的“东风”落到实处,规避政策与法规“打架”的尴尬局面,所以收集相关政策性文件的过程恰似尽调的过程。需要注意的是,应尽可能地找到尚在有效期内的所有相关政策文件,并与草案内容逐一比对,促使条文内容与政策导向形成相互促进的良性关系。

4. 政府参考信息:政府参考信息包括政府工作报告、统计数据、公共咨询结果等,这些信息有助于立法者了解社会经济状况、公众需求和政策执行的实际情况,为法规的制定提供实证支持。除此以外,还应该灵活地收集一些权威媒体的相关报道和文章,这些报道和文章有一部分也有其数据统计渠道,会对大量的资料信息、数据报告进行汇总,这是立法过程中重要的参考来源。

收集参考资料这项工作实际上应该在起草初期就同步开展,但一般来说,缺乏立法经验的起草部门和第三方团队,往往容易着力于对参考资料的收集,而忽视对参考资料的分类整理,所以司法行政部门在草案的审议与修改阶段,需要为起草部门和第三方团队提供这方面的业务指导,提升参考资料收集效能,也为后续的送审工作做好前置准备。

二、收集方法

收集资料需要拓宽渠道,确保来源的可靠性和多样性。具体收集方法如下。

前往公共图书馆、高校图书馆或专门的法律图书馆,查阅相关书籍、期刊等资料。起草部门和第三方团队可以到图书馆查阅最新的法律文献,主要是相关领域著作,获取最新的研究成果。

利用互联网搜索引擎、专业数据库、政府官方网站等途径获取电子版资料。第三方团队可以利用互联网资源,下载并整理相关的法律法规、政策文件和学术论文,可以登录国家法律法规数据库的网站收集法律法规资料,登录各级政府网站收集政策文件。

在实地调研时,向被调研单位和个人索要相关资料,如内部文件、统计数据等,如在食品安全调研中向食品生产加工企业索要质量检测报告,在环境保护调研中向环保监测站索要环境监测数据等。起草部门在实地调研时,应当详细记录调研对象提供的数据和文件,并整理成电子版或纸质版资料。

另外相关的法律法规、政策文件、学术论文和参考信息等,起草单位有可能在日常工作中已经整理过,因此,司法行政部门可以提议起草单位将手头已有的参考资料打包发给第三方律师团队,再由律师团队进行补充和分类整理。起草部门应主动对接其他相关部门,请求提供必要的政策文件和内部资料。

三、资料的整理与使用

(一)收集的资料需要进行系统的整理,使其便于查找和使用

首先按照资料的类型进行分类,确保资料条理清晰,易于检索。可以按照该章节的“一、资料的范围”来进行分类,即分为上位法、其他地方性法规、政策文件、政府参考信息四个大类。再经过筛选,剔除无关或重复的资料,保留有用的信息,确保资料的有效性和适配性。第三方律师团队应当与起草部门、其他资料来源方充分沟通,仔细筛选资料,保留核心资料,剔除冗余信息。

其次将筛选后的重要资料转换成 PDF 格式保存,并且打印成纸质材料,便于携带和翻阅。例如,将某上位法及其实施细则制作成 PDF 文档,并打印成纸质材料,份数根据成本和具体需要来安排。对于参与改稿的部门、单位要做到至少有

一份;对于参与合法性论证的有关专家,要将 PDF 文件提前发到每个人手中,如有需要,也可以打印成纸质材料,方便后续合法性论证和改稿时翻阅。

使用 Word、Excel 或其他办公软件创建分级目录,将资料按照主题、时间等维度进行管理,方便随时查阅。例如,使用 Excel 表格建立法规索引,按照法规名称、发布日期、修订日期等进行排序,或者通过 Word 文档构建学术论文目录,按照作者姓名、发表时间、研究主题等进行分类。第三方律师团队应当使用办公软件对资料进行系统管理,确保资料的可追溯性。

草案的审议和修改阶段,司法行政部门要指导起草部门和第三方律师团队将资料按照不同的类型进行分类存储,便于改稿时使用,同时,考虑到日后提交市政府常务会议审议时需要编制指引资料,事先按照规范要求对参考资料进行分类整理,能够显著提高指引资料的整理质量。

(二)资料筹备工作的意义不仅在于成果展示,更关键的是将这些资料深度融入立法全流程

在调研和草案修改座谈会上,可通过呈现相关法律法规、政策文件等资料,辅助解释草案中的条款,并回应各方提出的疑问。例如,在食品安全条例座谈会上,展示《食品安全法》及其实施细则,对草案中食品安全监管措施的制定依据作出说明。起草部门在座谈会上应当充分运用参考资料,推动各方意见的充分交流与讨论。在进行合法性论证时,可以参照上位法和其他地方同类法规,确保草案内容不与上位法相冲突,并符合法律精神。第三方律师团队应当在合法性论证过程中,提供专业法律支撑,保障草案的合法性。在修改草案的过程中,可以借鉴其他地方的法规依据和学术研究成果,优化草案内容,使其更具科学性和可行性。司法行政部门或起草部门应当根据参考资料,对草案进行优化和修改。

随着立法工作的推进,应当定期更新资料库,确保所使用的资料始终是最新的、最准确的。例如,定期检查法规的有效性,起草部门和第三方律师团队应当定期更新失效或修订的法规版本,确保资料的时效性和准确性。这可能需要司法行政部门进行提醒通知,如果收集的法律法规在草案审议修改阶段已经失效或者修订,或者有其他地市新出台了相关的地方性法规,司法行政部门应当在工作中留意相关动态,并通知起草部门,起草部门在收到司法行政部门的通知后,应当立即

与负责起草工作的第三方律师团队取得联系，转达通知内容，并给予第三方律师团队充分的收集和准备时间。另外，起草部门应当注意相关政策文件的更新，并及时与律师团队对接。起草部门与第三方律师团队应细化资料筹备阶段的任务分工，将每项工作精准落实到具体岗位与责任人，确保各环节有序推进。

通过上述规范的资料准备流程，起草部门和第三方律师团队建立密切协作，确保地方性法规草案的合法性论证工作能够顺利进行，最终形成符合法律要求、具有前瞻性和科学性的法规文本。资料准备不仅是前期工作的重要基石，更是贯穿立法全程、保障立法质量的关键环节。

第五节　草案修改与送审

一、整理分析调研中收集的问题与意见

1. 收集资料的分类整理

在草案审议与修改阶段，首先需要对调研期间所收集的所有问题和意见进行系统分类整理，包括但不限于公众听证会、专家咨询会议、网络问卷调查以及书面反馈等不同渠道获取的信息。将这些信息根据其性质（如合法性、合理性、可操作性）、来源（如市民、企业、专家学者）以及涉及的具体条款或主题领域（如环境保护、食品安全、交通管理）进行归类。

2. 汇总共性问题与分歧点

通过对分类后的资料进一步分析，识别出具有普遍性和代表性的共性问题，以及各方观点存在显著分歧甚至对立的核心争议焦点。剖析这些问题的本质，判断是对法律法规的解读分歧，还是实际操作中的执行阻碍；是利益相关主体间的诉求矛盾，还是对政策导向的理解偏差。

3. 评估意见的合理性和可行性

对于每一条收集的意见，司法行政部门应当组建专业评审团队对其提出背景、目的、依据及潜在影响进行全方位评估。判断该意见是否符合上位法规定，是

否能够解决实际存在的问题，实施过程中是否存在技术障碍或成本过高，是否会衍生出新的问题等。在此基础上，确定哪些意见可以直接采纳，哪些需要部分吸收，哪些作为参考备用。

4. 形成初步修改方案

司法行政部门应该结合当前的社会经济发展态势、国家相关政策导向以及国际通行做法等因素，形成一份包含具体修改建议的初步方案。此方案不仅要明确指出拟调整的内容及其理由，还要提供相应的替代措施或补充说明，确保每项修订都是经过深思熟虑且具备充足的依据支撑。在完成系统分析整合后，建议组织重要意见的提供者参与专题讨论，说明建议未被采纳的缘由，同时继续倾听新出现的声音。通过这种方式，既保证了法规修订过程透明公开，又能最大化达成社会共识，为最终出台高质量的地方性法规奠定坚实基础。

二、组织召开改稿会

1. 准备工作

首先，司法行政部门要明确改稿会的主要目的，如解决草案中的争议问题、优化语言表达、增强条文的可操作性等。其次，根据议题的重要性及专业性，邀请相关领域的专家、法律顾问、有关单位、利益相关方代表等参加，确保各方面的声音都能被听到。再次，提前整理好需要讨论的所有资料，包括最新的法规草案版本、前期收集的意见汇总、相关的法律法规依据以及其他必要的参考资料，这项工作需要起草部门和第三方律师团队协同做好。最后，制定详细的议程，规定每个议题的时间限制，保证会议高效进行，同时，预留足够的时间用于自由讨论和总结发言，改稿会一般不需要过多进行总结，因为这样的会议在草案审议修改阶段一般会多次组织，需要的是多听各方针对争议问题的看法，所以大家自由讨论的时间可以多预留一些。

2. 会议实施

由司法行政部门工作人员作为主持人，简要介绍与会人员、会议背景、目标、流程，构建良好的沟通氛围。按照法规草案条款顺序或重要程度，依次对每一项内容进行深入讨论，逐条审议。鼓励与会者提出修改建议，充分发表个人见解。针对前期整理分析中发现的重点难点问题，组织专题讨论，力求达成共识或找到折中方案。指定专人负责记录会议讨论过程中的关键点、不同意见及最终决议，为后续工作奠定坚实基础。

3. 后续跟进

根据改稿会上形成的一致意见，及时更新法规草案文本，确保所有合理建议得到体现。向参与改稿会的单位和个人通报其提出意见的处理结果，解释未采纳的理由，保证信息透明度。对于未能当场解决的问题，建立跟踪机制，继续与相关部门和个人保持联系，直至问题得到有效解决。

三、讨论与初步审查

1. 内部研讨与意见整合

由司法行政部门牵头，联合法规涉及的主要职能部门成立专项工作组，负责对法规草案进行深入研究。针对法规中涉及的专业领域和技术难点，邀请相关部门专家参与专题研讨，确保条款表述准确无误且具有科学依据。收集各成员部门的意见建议，通过工作组内部讨论形成统一修改意见，并将处理结果同步反馈给各相关部门。

2. 法律合规性检查

合法性审查：着重核查法规草案与宪法、上位法以及其他现行法律法规的一致性，避免出现冲突或重复规定。

政策一致性评估：评估法规草案是否符合国家及地方政府当前的政策导向和发展规划，确保其在宏观层面上的一致性和连贯性。

国际惯例参照：对于涉及对外开放或国际贸易的法规，参考国际通行做法，保证法规既符合国际标准又能维护国家利益。

3. 实施可行性分析

成本效益评估：对法规实施后可能产生的经济效益和社会影响进行预测，确保法规不仅在理论上合理，在实践中也切实可行。

资源需求评估：考虑法规执行所需的行政资源（如人力、物力、财力），评估现有条件是否足以支撑法规的有效实施。

风险预警机制：识别法规实施过程中可能出现的风险因素，提前制定应对策略，降低潜在负面影响。

4. 跨部门协调与共识达成

部门间沟通协作：加强与各关联政府部门的沟通协调，解决职责交叉或权限划分模糊而产生的分歧，推动各部门形成协同一致的工作立场。

共同决策机制：建立多部门共同参与的决策平台，针对争议突出的问题，采用集体会商的方式，寻求利益平衡点，达成广泛共识。

公众参与渠道：虽然本阶段主要为内部审查，但仍需保持一定的透明度，适时发布法规征求意见稿，鼓励社会各界积极建言献策。

5. 准备初步审查报告

总结审查成果，撰写审查报告。整理汇总讨论过程中形成的各项结论，包括对法规草案的具体修改意见、法律合规性评价、实施可行性分析等。根据上述工作编制详细的初步审查报告，为下一步提交给更高层级的立法机关审议提供重要参考。

四、草案送审前的准备工作

1. 草案送审的条件

首先，所有涉及的主要职能部门已对草案内容达成一致意见，并解决了存在的分歧。法规草案已经过相关领域专家的评审，确认其科学性和专业性，同时确保草案与宪法、上位法以及其他现行法律法规不存在冲突或重复规定，确保法规草案符合国家及地方政府当前的政策导向和发展规划。

其次，已经广泛地征求社会公众意见，通过公开听证会、网络平台等多种形式向社会各界征集意见，并对合理建议予以采纳。搭建高效的信息反馈机制，确保公众提出的疑问与诉求能够得到及时响应。

最后，表述方式要清晰精准，做到法规条文用词准确，逻辑严谨，避免歧义。同时，严格遵循法定格式要求，统一文本体例规范，确保法规文本的专业性和权威性，这些是基础。但一般最终提交送审的材料比较多，需要细致地进行校对，可由司法行政部门负责最终审核工作，由起草部门和第三方律师团队先行审查校对。

2. 草案送审的材料准备

为了确保送审流程顺利开展，需要精心筹备全面翔实的送审材料。这不仅是对前期工作的总结，也为立法机关决策提供支撑的重要依据。以下是我们梳理的草案送审时应当准备的材料清单。

(1)草案送审稿。提交经过修改和完善后的法规草案文本,反映最新的讨论结果和修改意见。(2)草案前后修改对照稿。制作一份清晰的表格或文档,详细列出草案从起草部门送审稿到最终送审版之间的所有变动之处,包括新增、删除和修改的内容,以便审查人员快速了解变化情况。制作对照稿时,可以先把初稿中的每条占据一格罗列,在右边制作大小相同的空表格,完成审议修改并确定之后,将修改稿一一对应粘贴至空白表格内,对增设的和删除的进行标注。(3)指引资料。指引资料是对一些资料的汇总,包括草案注释稿,即为每一条法规提供详细的解释说明,帮助理解条款背后的立法意图和技术细节。注释稿格式为每条法规条文下,优先列明对应的上位法依据,随后补充其他参考依据,基本上源于前文整理的参考资料,若在注释稿制作过程中出现新的参考依据,应及时将该参考依据所属文件或信息补充到参考资料中。(4)起草说明。撰写一份全面的起草说明文件,涵盖法规制定的必要性、起草依据、起草过程、主要内容以及相关问题说明。(5)调研记录。整理并提交在法规起草过程中收集的所有调研数据、访谈记录以及会议纪要等原始资料。会议纪要应翔实记录时间地点、与会人员,并将会上提出的具体意见建议以及问题进行罗列,并按实际采用情况予以记录。(6)上位法依据。附上法规所依据的宪法、法律、行政法规及其他相关政策文件,确保其合法性。这部分资料在整理参考资料时开始收集,整理指引资料时进行筛查,看有无新补充的资料,有无失效的资料。(7)参考的其他规范性文件。列出在起草过程中参考的国内外相关领域的规章、标准或其他重要文献。这部分资料与上位法一样,在整理参考资料时开展收集整理。(8)参考其他地市地方特色产业的地方性法规规章。选择一些有借鉴意义的地方性法规或规章作为参考资料,特别是那些针对类似产业或问题的成功案例。这同样在整理参考资料时开始收集,到草案送审阶段进行筛查并完善。

五、草案送审

1.送审申请

首先,要准备格式规范、内容详尽的送审申请书,按照地方政府或立法机关规定的格式撰写送审申请书,确保其正式性和权威性。申请书中应当涵盖法规草案的名称、起草背景、主要目的和预期效果等基本信息。同时，简要陈述法规草案在内部审议过程中面临的问题及解决方案。其次，要提供必要的支撑材料，也就是前文提到的送审稿、修改对照稿、指引资料，还要提供联系人联系方式，以便提交送审后与市政府办公室的审议部门进行对接。最后，完成签字盖章程序，确保送审申请书经过本单位主要领导的审批，并加盖公章，确保送审程序无误。如果涉及多个部门共同参与起草，则需各相关部门负责人签字确认，表明对草案内容的一致认可。

2. 审核送审清单与文件

首先，建立审核流程，可以设立审核小组，由熟悉立法程序和法规内容的专业人员组成，负责对送审材料进行全面检查。根据立法机关的要求，制定系统全面的审核标准和操作指引，保障各环节均有明确的依据。其次，严格按照送审清单逐一核对提交的文件，确保无遗漏且每份文件均为最新版本。仔细检查每一份文件的内容完整性、逻辑连贯性和准确性，特别注意法律法规和政策导向的一致性。确保所有文档格式符合法定规范，包括但不限于字体、行距、页码编排等方面。最后，如果在审核中发现了问题，要将所有问题进行详细记录，形成问题清单，并提出相应的整改建议，及时向起草单位反馈审核结果，督促其尽快完成整改工作，保证送审材料的质量。

3. 送审后的跟进工作

送审以后并非万事大吉，仍需要持续沟通协调，建立联络渠道，指定专人负责与立法机关和委办、府办保持密切联系，及时了解审核进度并解答对方提出的疑问。根据立法机关的要求，建立常态化法规草案审核进度更新机制，确保信息透明度。对于立法机关反馈的意见和建议，迅速组织相关人员研究讨论，并对相应的材料进行调整和修改。需要注意的是，如果立法机关提出草案中某一条需要修改，对照稿以及指引资料中的注释稿、起草说明都需要进行相应修改。如果需要补充材料或进一步解释某些条款，应在规定时间内高质量地完成，避免因频繁修改影响审核效率。

第五章　立 法 决 策

第一节　人大调研

一、人大调研阶段的必要性

(一)调研是科学立法的基础

人大开展的调研工作,是保障法规能够贴合实际、反映民意、解决实际问题的关键步骤。调研工作不仅有助于人大及其常委会依法行使职权,确保决策的科学性、正确性,还有助于征集不同利益群体的诉求,为立法提供多元视角和更丰富的信息储备。立法调研是人大实现科学决策的必备条件,更是践行群众路线的重要抓手。

调研作为人大工作的前提和基础,不仅需要深入谋划调研主题,确保选题具有针对性和实效性,还需要细致做好调研前期筹备工作,包括成立调研组、拟定调研方案、加强政策法规学习以及确定调研对象。在调研过程中,要创新调研方式,丰富调研手段,拓宽调研渠道,以确保调研的全面性和深入性。要深入基层单位,走访相关部门,实地考察,获取直观感受。组织召开座谈会,邀请政府部门、企事业单位、专家学者和社会各界人士共同参与讨论。利用互联网平台发布问卷调查,广泛征集网民意见,扩大调研覆盖面。与时俱进运用大数据分析工具,处理收集的信息数据,提炼有价值的观点和建议。

(二)调研是民主立法的保障

第一,收集民意,体现民主。解决地方经济社会发展中的新问题、满足人民群众的迫切需求,是地方立法的重要使命。人大阶段的调研,可以全方位汇集民情民意，精准把握公众的真实想法和诉求，使立法工作更具民意基础，彰显民主立法的价值导向。

第二，探索实情，确保科学。立法是一项系统性极强的复杂工作，需要充分考虑当地的实际发展条件与现实需求。人大阶段的调研可以帮助立法者深入了解地方经济社会发展的现状，掌握第一手资料，为制定符合实际需要的法规提供可靠依据，确保立法的科学性。

第三，发现问题，预防风险。立法前的系统性深度调研，可有效排查潜在的矛盾隐患，及时规避可能出现的风险。通过调研，立法机关能够预判法规实施后可能遭遇的困境，并在立法过程中预先制定应对措施，提升法规的实施效能与可操作性。

综上所述，在地方立法工作中，人大开展的调研活动至关重要。它不仅有助于提高立法质量，还能推动立法工作朝着公开透明、权威高效的方向发展。依托科学规范的调研，可以确保地方立法既贯彻国家宏观政策要求，又贴合地方实际需求，真正做到服务于民、惠及于民。

二、人大阶段调研的侧重点

（一）确保立法的合法性与科学性

地方立法作为国家法律体系的重要组成部分，在推动地区经济发展、改善民生、维护社会稳定等方面发挥着不可替代的作用。在推进地方立法的过程中，人大阶段的调研是保障立法品质的重中之重。调研内容应以合法性与科学性为首要考量，从而夯实法规的权威性和可操作性。

第一，合法性与合规性。确保拟订立的地方性法规符合国家法律体系的要求，与上位法保持一致，避免出现抵触或矛盾。同时，也要注意借鉴其他地区的成功经验，为本地立法提供有益参考。确保拟立法规符合宪法精神，维护国家法制统一。调研过程中，要将宪法赋予公民的基本权利作为重点关注内容，确保地方性法规不会对公民合法权益造成侵害。调研报告形成后，应当安排专门机构或人员对调研结果开展合规性审查，确保所有建议都是基于合法基础之上。

第二，专业性与科学性。针对特定领域的立法，应邀请相关领域的专家参与论证，严格把控法规内容的专业性和科学性。例如，在制定《金华两头乌猪产业发展促进条例》时，邀请了养殖企业、火腿企业等领域的专家参与调研，他们提供了许多专业意见。邀请专家介入立法工作，不仅有助于提升法规科学性，还能强化其权威性，使其更具实操性。

第三，前瞻性与适应性。立法过程中，应敏锐捕捉社会发展脉络，充分预估未来变化，确保法规能够顺应时代发展需求。在地方立法过程中，前瞻性与适应性是保障法规持续发挥效力、始终贴合社会需求的重要支撑。随着社会的快速发展和技术的不断进步，立法者必须充分考虑未来可能出现的趋势和变化，确保法规不仅能够解决当前问题，还能适应未来的发展需求。

（二）关注立法的可行性与社会需求

第一，可行性与有效性。评估法规在本地的具体执行条件，考虑其在实际操作中的可行性和有效性，确保法规落地后达成预期的社会成效。评估地方政府及相关职能部门是否有足够的能力和资源来执行即将出台的法规，这包括行政执行能力、财政保障力度、技术设施配套等多个方面。调研还需要了解社会各界对拟立法规的态度，特别是利益相关者的意见，只有得到广泛认可和支持的法规，才能顺利实施并取得预期效果。

第二，社会需求与公众意见。深入了解社会各方面的需求，收集公众对于立法的意见和建议，确保立法工作彰显人民意志，维护人民利益。调研应优先关注地方经济社会发展中的新态势与新挑战，包括但不限于经济发展模式转型、产业结构升级、区域协调发展等重大议题。借助深入调研，可清晰界定立法目标，使法规与地方发展战略精准对接。地方立法不仅要着眼于宏观层面的经济发展，更要聚焦微观民生福祉的提升。调研过程中，应全方位了解人民群众在教育、医疗、就业、住房等方面的现实需求，以及当前政策法规中存在的不足之处，以便在立法时予以改进。

第三，协调性与实施保障。调研期间应考量与现行法律法规的衔接性，防止出现交叉冲突或监管空白，并对资金投入、技术配套、人力储备等实施条件进行全面评估。

第四，监督与评估机制。探讨如何建立有效的监督和评估机制，便于后续对法规执行情况进行跟踪和调整。例如，可以设立专门的监督机构或引入第三方评估机构，定期开展法规实施效果评估，依据反馈结果及时修订完善法规内容。

三、人大调研阶段具体做法

调研工作将综合运用座谈会、专家研讨会、实地走访等多元形式来进行，力求全面、准确地掌握第一手资料，为地方立法提供坚实的依据。此外，利用媒体、网络等平台发布信息，广泛征求社会各界的意见，提升立法工作的透明度和民主性。在人大审议调研阶段，立法工作组成员通常会前往相关地区或单位进行实地考察，以便更深入地了解当地实际情况和社会需求。这些实地考察不是走马观花式地参观，而是要通过细致入微的观察和广泛的交流互动，获取宝贵的第一手资料。走访相关政府部门、企事业单位、社区等场所，通过面对面的交流，深入了解各项政策的执行情况、存在的问题以及群众的真实感受。组织各类座谈会、研讨会等活动，邀请专家学者、行业代表、社会团体等参加，共同探讨法律草案中的关键问题。

立法团队工作人员还会设计并发放问卷调查。这些问卷经过精心设计，旨在涵盖与立法项目密切相关的各个方面，确保收集的信息既全面又准确。通过这种方式，可以了解到不同利益相关者对于即将出台的法律的看法和期待。在广泛收集各类意见建议后，还应对这些信息进行系统的整理和分析，将收集的数据分类汇总，提炼出共性问题和特殊案例，以此为基础撰写详细的调研报告。所形成的调研报告不仅是对调研工作的系统性总结，更是立法审议阶段的关键参考材料。

第二节　人大调研后收集意见进行论证

一、调研后收集意见的重要性

（一）提升立法科学性与民主性的关键

伴随我国法治建设的持续深化，地方立法愈发注重民主性和科学性。为了使法律更加贴近民众生活、反映群众诉求，人大在立法前开展全面的社会调研，并在此基础上广泛征集社会各界的意见和建议，这成为立法工作不可或缺的一环。这一过程既彰显了社会主义民主政治的制度优势，也显著提升了立法的质量与效能。对社会需求的深入调研以及广泛收集公众意见是确保法律法规能够有效解决实际问题、体现人民意志的关键所在。这不仅有助于提高立法质量，更是全过程人民民主在立法实践中的深度践行。

第一，增强立法科学性。通过实地考察、问卷调查等方式开展的调研活动，能够让立法者更直接地了解某一领域内存在的问题及其根源所在。比如，在制定环境保护相关法规时，听取环保专家、企业代表及普通民众的声音，可以为解决环境治理难题提供多元化的视角，使最终出台的政策更加具有针对性和可行性。此外，依托充分的数据支撑与案例研讨，能够有效防范信息失衡造成的决策疏漏，提高立法工作的科学性。

第二，促进公众参与度。开放式的立法程序鼓励广大人民群众参与到国家事务管理之中，增强了政府与民众之间的沟通交流。当意识到自己的意见被重视并有可能影响法律法规的内容时，他们将更加积极主动地参与立法讨论。这种形式下的公共参与不仅有助于培育良好的社会治理生态，还能显著增进公民对法律制度的认可度。

（二）促进社会和谐与法治进步

第一，保障利益平衡。不同群体对于同一项政策往往有着各自不同的诉求，例如，在土地征收补偿标准设定方面，农民群体希望提高赔偿额度以保障生活质量；而地方政府则考虑财政承受能力等因素。通过广泛征集各方意见，立法机关能够在综合权衡多方利益诉求的基础上作出合理安排，从而实现更好的社会治理成效。这样既能维护弱势群体的基本权利，又能兼顾整体发展需要，实现双赢或多赢的局面。

第二，提高执行效率。前期扎实的基础工作可以大大减少后期可能出现的问题。一方面，经过充分论证形成的法律条文通常更加明确具体，便于执法人员理解和操作；另一方面，由于立法过程中已经充分考虑到实施过程中可能遇到的各种情况，因此在执行阶段遭遇阻力的可能性相对较小。这不仅有利于加快法律法规落地见效的速度，也有助于节省行政资源，提高工作效率。

综上,人大在地方立法过程中通过认真细致地开展调研并积极采纳来自社会各界的意见建议,不仅能够使所制定出来的法律更加贴近实际、符合民意,还能够在一定程度上预防和化解潜在的社会矛盾冲突,为构建和谐稳定的社会秩序奠定坚实基础。随着我国法治建设步伐日益加快,我们有信心期待,未来的人大立法工作将会更加透明公开,更加注重倾听民声,真正做到以人民为本,服务人民。

二、收集调研意见的方式

在地方立法进程中,人大借助调研征集社会各界的意见和建议是确保法律条款科学严谨、贴合实际的必要环节。这一过程不仅诠释了我国社会主义民主政治的本质特征,而且能够有效优化立法质量,为社会的长治久安筑牢法治根基。

第一,公开听证会。公开听证会是一种正式的会议形式,核心在于为利益相关方搭建直接对话立法机构的平台。听证会上,来自不同背景的参与者可以针对特定立法事项阐述观点、提交论据,并回答立法者的提问。公开听证会有以下优点:(1)透明度高,整个过程公开进行,增加了公众对立法工作的信任。(2)多方参与,允许不同利益群体发声,有助于全面了解问题的复杂性。(3)互动性强,立法者可与民众实时沟通,即时掌握社会反馈,故而常用于协调多方利益、争议性大的立法项目。

第二,问卷调查。设计标准化的问题列表,采用线上或线下形式向目标人群发放,收集定量数据及定性反馈。问卷调查有以下优点:(1)覆盖面广,借助互联网渠道可实现对大量目标群体的快速覆盖。(2)成本可控,与其他调研方式相比,问卷调查相对经济高效。(3)便于分析,利用统计软件轻松处理大量数据,支持科学决策。此方法特别适用于快速完成大规模样本基础信息收集的需求。

第三,深度访谈。选择特定领域的专家、学者或者有代表性的个体进行一对一交谈,深入探讨某一主题下的细节问题。深度访谈有以下优点:(1)深度挖掘,获取更深层次的思考与独特见解。(2)灵活性强,可以根据受访者的回答灵活调整问题方向。(3)建立信任,有助于建立长期合作关系,为后续工作打下良好基础。此方法适合于需要深入了解专业领域知识或探索复杂问题背后原因的情况。

第四,焦点小组讨论。组织一场小规模座谈会,围绕特定议题展开讨论,由主持人引导交流方向,安排专门人员记录会议要点。焦点小组讨论有以下优点:

(1)激发创意,集体讨论过程中激发创新思路。(2)多样性视角,小组成员背景各异,可从多维度剖析问题本质。(3)效率较高,短时间内可以获得较为丰富的信息。此方法适用于探索新思路或解决具体操作层面难题的研究。

第五,社区走访。立法人员前往社区内,与居民面对面沟通,实地了解情况。社区走访具备以下优势:(1)贴近基层,与群众进行面对面交流,能够获取最直观的民情信息。(2)增强联系,加深立法机关与普通百姓之间的联系。(3)发现问题,有助于挖掘书面材料中难以呈现的现实困境。此方法对于制定与民生息息相关的立法项目尤为重要。

调研后的意见收集可以多渠道进行,通过线上线下相结合的方式,利用政府官网、社交平台等发布征求意见通知;同时,可以通过召开座谈会、听证会等形式直接听取特定群体的声音。针对某些专业性强或影响面广的问题,可以组织专家讨论会、行业协会研讨会或向个别专家拜访请教,深入了解相关领域内专业人士及利益相关者的意见;也可以设计合理的问卷,通过网络或者纸质形式发放给公众,特别是那些直接受到拟议法规影响的人群,以便获取更为广泛的反馈信息。

意见收集后,将所有反馈信息按照主题内容进行分类,提升后续处理效率。处理调研信息是一个由表及里、去伪存真的整理筛选过程,从庞杂繁多的意见中,找出更具有代表性、本质性的内容。要主动对收集的全部意见按照主体内容进行分类整理统计,选取部分具有代表性的案例进行深入剖析,从中提炼出共通性的问题和解决方案。参考其他地区类似立法的成功案例,结合本地实际情况作出适当调整。可以成立专门小组,组织由法律专家、行业代表及相关政府部门工作人员组成论证团队,明确论证的目的、范围及方法,基于前期工作成果,从合法性、合理性、可行性等多个维度进行全面考量。形成详细的论证报告,包括但不限于主要存在的争议点以及推荐的修改方向等。将论证报告提交给人大会议审议,并可能通过媒体公布部分内容,进一步征求社会意见。

三、调研意见收集后的论证

在地方立法过程中,人大通过调研广泛收集社会各界的意见和建议是保障法律制定科学严谨、切实贴合实际需求的关键步骤。然而,仅收集意见还不够,关键在于如何对这些意见进行科学合理的分析与论证,以形成高质量的立法草案。

（一）论证的重要性

第一，提高立法质量。通过对收集的意见进行深度剖析与整合，能够识别出法律草案中可能存在的漏洞、矛盾或不合理之处，为法律草案的优化提供清晰指引。

第二，增强法律的可操作性。法律的生命力在于实施，而实施成效主要取决于法律能否贴合社会实际、是否协调好各方利益诉求。立法者结合实际情况，充分考虑不同群体的利益需求，可以制定出更加切实可行的法规。

第三，促进达成社会共识。立法过程涉及多方利益，不同群体往往持有不同的观点和立场。通过充分讨论和论证，各方可以在理性对话中找到共同点，达成更广泛的共识。这种共识不仅有助于减少法律实施过程中的阻力，还能增强社会的凝聚力和稳定性。

第四，体现民主精神。在现代法治社会中，公众参与立法是民主政治的重要体现。通过公开征求意见、组织听证会等形式，立法者能够广泛吸纳民意，使法律更加符合人民群众的意愿和需求。这种开放、透明的立法过程不仅增强了法律的公信力，也彰显了社会主义民主政治的特点。

（二）论证的具体步骤

第一，分类整理。首先进行数据梳理，依据意见的来源、内容等维度，对所有收集的信息进行分类整合，完成分类工作后，进入要点提炼环节。这一过程旨在从海量意见中提取出核心问题和主要观点，为后续的对比分析和风险评估提供清晰的线索。

第二，专家评审。组建专家组，邀请相关领域的专家学者组成评审小组，对整理好的材料进行全面审查。专家依据专业知识，对每一条意见进行评估，指出其合理性、可行性以及可能带来的影响。

第三，综合分析。对不同群体提出的意见进行比较，找出共性和差异，并分析背后的原因。针对某些争议较大的提议，进行风险评估，预测可能产生的后果，包括正面效果和负面影响。因此，在决策过程中，必须权衡短期利益与长期影响，确保各群体的利益得到平衡考虑，防止过度侧重单一利益诉求而激化社会矛盾。

第四，制定方案。在方案设计阶段，首先应以前期分析结果为基础，包括对不同群体意见的分类整理、核心问题的提炼以及风险评估的结论，起草初步的立法草案或对现有草案进行修改。该草案应着力协调各方利益诉求，同时兼顾可行性与社会效益。随后，通过组织多轮内部审议会议，邀请更多相关领域的专家、利益相关方代表以及公众参与讨论，广泛听取意见并不断优化草案内容，确保其科学性和可操作性。这一过程既能提升草案的合理性，还能增强社会接纳度，为后续推行提供有力保障。

第五，公开征求意见。在公开征求意见阶段，修订后的草案将再次向社会公示，以确保透明度和公众参与度。通过多种渠道广泛发布草案内容，并明确反馈方式和截止日期，鼓励社会各界，包括公众、专家学者、企业代表以及非政府组织等，提出意见和建议。充分吸纳多元意见，进一步提升法案在社会层面的认同感。随后，根据收集的新反馈，对法案文本进一步调整和完善，确保其更加贴合实际需求并平衡各方利益。

第六，最终确定。经过多轮论证和修改后，提交至人大会议进行正式表决。一旦通过，即刻对外公布并设定生效日期。

系统地收集并认真对待来自社会各界的意见，并在此基础上开展全面且严谨的分析论证，不仅有效增强地方立法的质量，还能增强公众对于法律制度的信心。未来，随着技术手段的进步和社会参与意识的提高，我们有理由相信这一过程将会变得更加高效透明，从而更好地服务于社会发展大局。

第三节　协助对照“三张清单”进行合法性审查

一、“三张清单”是什么

（一）“三张清单”概述

随着依法治国理念的不断深化，地方立法工作也在逐步完善。在这个过程中，确保地方性法规与规章符合国家法律法规的要求，成为一个重要课题。地方立法进程中，确保所制定的法规符合上位法要求、严守法定程序，同时避免与宪法及其他法律产生冲突是至关重要的。为此,在立法决策阶段有必要落实合法性审查机制。这一审查工作一般围绕“三张清单”展开,即需求清单、问题清单和目标清单。“三张清单”通常指的是需求清单(立法必要性)、问题清单(立法拟解决的问题)和目标清单(立法要达到的目的),它们是确保地方立法合法性的三个重要方面。

以《金华两头乌猪产业发展促进条例》为例,我们通过系统梳理和整理,形成了三张详尽的清单。需求清单明确了立法的必要性,分析了金华两头乌猪产业发展的现状及其对地方经济的重要性,指出了现有政策支持的不足;问题清单聚焦产业发展的主要瓶颈,如品牌保护不力、市场竞争力不足、产业链不完善等问题;目标清单则明确了立法的预期效果,包括提升产业标准化水平、加强品牌保护、促进产业链延伸等具体目标。通过这种系统性的方法,我们能够清晰地展示立法的目的和预期成效,确保条例制定工作精准聚焦、方向明确。以“三张清单”为基准的立法方法,既强化了法规内容的科学性和可操作性,又通过与上位法的严格对标,避免了重复立法。同时,它也为地方立法提供了清晰的框架和路径,使立法工作更加高效和精准。通过这种系统化的立法实践,我们期望《金华两头乌猪产业发展促进条例》能够切实推动产业健康、有序发展,为地方经济注入新的活力,同时也为其他地方立法提供有益的借鉴。

(二)“三张清单”的具体内容

第一,需求清单:列出上级是否有要求、现实是否有需求(基础)、地方立法是否有权限,主要用于研判立法的必要性和可行性。通过这份清单,立法者可以清晰地了解立法活动的基础条件是否成熟,旨在为每项立法提供充分合理的依据支撑。例如,如果国家层面已经明确规定了某些方面的规范,则地方立法应当避免重复与矛盾,地方立法应侧重于填补国家法律框架下的具体操作细则或地方特色条款。

第二,问题清单:列出法律是否有空白、职责是否清晰、管理措施是否缺位、上位法规定可操作性是否不强。通过对这些问题的梳理,可以帮助立法者明确立法的方向,确保新制定的法规能够有效地解决问题,填补法律漏洞,提高法规的可操作性和执行力度。比如,在网络空间安全管理方面,若发现现有法规对数据保护的规定较为模糊,则可以通过制定细致的地方性法规增强保护效果。需求清单的建立有助于立法活动聚焦实际问题,切实发挥解决社会矛盾的作用。

第三,目标清单:列出是否能约束相关主体的法律行为、是否能产生实质的权利义务、是否能达到实际的社会效果。目标清单有助于促使立法成果从理论走向实践,确保法规在实际运行中发挥效能。例如,通过设立具体的监管机制,确保法规能够落实到位,进而实现规范市场秩序、保护公众利益的目的,应深度剖析立法草案的背景和目的,以增强审查工作的精准性。立法团队依据审查结果,向立法机关提供具体可行的修订建议,推动草案内容的优化完善。

二、"三张清单"的应用

在立法决策阶段,对照"三张清单"进行合法性审查,可以帮助立法者确保所制定的法规不仅符合法律规定,而且能够有效地解决实际问题,实现预期的立法目标。在地方立法工作中,确保所制定的法规不仅符合法律规定,而且能够有效地解决实际问题,实现预期的立法目标,这是立法者面临的一项重要任务。为此,在立法决策阶段实施合法性审查,对照"三张清单"是提高立法质量的有效保障。下面将详细阐述它们各自的作用以及在立法各阶段的应用。

第一,需求清单。明确立法方向,在形成法规草案之初,立法者应当基于需求清单来确定立法的基本方向。需求清单包含立法所应解决的社会问题、人民群众的需求以及行政部门在执法过程中面临的挑战。借助广泛调研、充分收集社会各界反馈,立法者可以汇总一份详尽的需求清单,进而明确立法的目的和必要性。此举有助于保障立法活动具有针对性,有效避免立法内容脱离实际,切实增强法规的实践指导性和应用价值。

第二,问题清单。确保全面覆盖,在法规起草过程中,对照问题清单检查法规是否涵盖了所有需要解决的问题。问题清单是对当前法律框架内存在的不足之处以及实践中遇到的新问题进行梳理的结果。通过对问题清单的细致研究,立法者可以在起草阶段确保法规草案能够全面覆盖所要解决的问题,不留死角。如此法规将能更加全面地呼应社会各界关注的焦点问题,有效防范立法考虑不周全而产生的法律空白。

第三,目标清单。评估立法效果,在审议和批准阶段,立法者应参照目标清单对法规进行评估,确保其既能符合立法初衷,又不与上位法相抵触。目标清单列举了通过立法活动所期望达到的具体效果,如改善营商环境、保护公民权益、促进社会公平正义等。通过对目标清单的逐项检验,立法者可以确保法规在达成预期目标的同时,也保持了与国家法律法规的一致性,避免产生法律适用上的矛盾。

以《金华两头乌猪产业发展促进条例》为例,立法者首先通过深入调研和广泛征集公众意见,编制了一份详尽的需求清单,明确了当前产业发展中亟待立法解决的核心矛盾。这些问题包括养殖规模萎缩、产业链条不完整、宣传推广力度不足、品牌培育力度不够、政策支撑保障不足等。需求清单的制定为立法提供了明确的方向,确保立法活动具有坚实的现实基础和紧迫性。

在起草阶段,立法者对照问题清单,逐一分析并回应这些问题,确保法规草案中包含了针对性的条款。例如,针对养殖规模萎缩的问题,草案中可提出专项补贴或技术升级等具体措施;针对品牌培育短板,草案可细化品牌保护与推广的具体机制。通过对问题清单的梳理,立法者能够切实回应产业发展中的实际难题,避免立法内容空洞或脱离实际。

在审议阶段,立法者以目标清单为参照,评估法规草案是否能够达成预设目标。目标清单精准锚定了立法的核心方向,例如,提升金华两头乌猪的市场竞争力和品牌影响力、促进产业链延伸、确保产业可持续发展等。通过目标清单的对照,立法者能够全面评估法规的可行性和实效性,确保其不仅具有法律效力,还能在实践中产生积极的社会效果。

通过这种系统化的立法方法,立法者能够确保地方性法规既符合合法性要求,又具有针对性和实效性,从而更好地服务于地方经济社会发展需求。这种基于“三张清单”的立法模式,不仅显著提高了立法质量,还为后续法规的实施提供了坚实的理论基础。随着依法治国理念的不断深化,基于“三张清单”开展合法性审查,将成为地方立法工作的关键流程,为地方治理现代化提供有力支撑。

三、如何协助对照“三张清单”进行合法性审查

随着依法治国战略的深入推进,地方立法工作面临着既要确保法规符合国家法律体系整体要求,又要适应本地实际情况的双重挑战。为了应对这一挑战,立法者在制定地方性法规的过程中引入了“三张清单”审查机制,这一机制致力于

确保法规合法合规的基础上，增强其实效性和针对性，从而更好地满足社会治理与发展的需要。以下是具体如何协助对照这“三张清单”进行合法性审查的方法。

初期，基于需求清单确定立法基本方向。在形成法规草案之初，立法者应当基于需求清单确定立法的基本方向。需求清单通常包含以下几个方面的内容：(1)社会需求：通过调研和听取社会各界的意见，收集社会经济发展中存在的问题，以及人民群众的实际需求。(2)行政需求：行政机关在日常管理和服务过程中遇到的困难，需要通过立法推动解决问题。(3)专业建议：来自法学专家、行业代表及其他专业人士的意见和建议，帮助立法者更全面地把握立法需求。立法者在编制需求清单时，应通过多渠道收集各方意见，确保清单内容全面反映社会现实需要。基于此清单，立法者可以明确立法的基本方向，确保法规草案的制定具有针对性。

起草阶段，对照问题清单检查法规覆盖范围。在起草法规的过程中，对照问题清单检查法规是否涵盖了所有需要解决的问题，这对确保法规完整性至关重要。问题清单主要包括：(1)现行法律的不足：现行法律法规在实施过程中暴露的问题和薄弱环节。(2)出现的新情况、新问题：随着社会发展和技术进步而出现的新情况、新问题，需要通过立法予以规范。(3)实践中的难点：在法律实施过程中遇到的具体操作难题，需要在新的法规中予以明确和解决。立法者在起草过程中，应当逐一对照问题清单，确保每一条法规都能有效回应清单中的问题，做到无遗漏、无盲区。这有助于提升法规的实践效能，使其切实满足解决实际问题的需求。

审议批准阶段，参照目标清单评估法规效果。在审议和批准阶段，立法者应参照目标清单评估法规是否能够实现既定目标，并且不与上位法相冲突。目标清单主要包括：(1)预期效果：通过立法活动所期望达到的具体效果，如改善营商环境、保护公民权益、促进社会公平正义等。(2)法律的一致性：确保地方性法规与国家法律体系保持协调统一，杜绝与宪法及其他法律产生冲突。(3)可执行性：评估法规的可行性，确保法规能够得到有效实施和执行。在审议过程中，立法者应参照目标清单，对法规草案进行全面评估，确保其能够达到预期效果，并与现有的法律框架保持一致。同时，还要充分考量法规的可执行性，确保其在实践中具备切实可行的执行路径。

通过对照需求清单、问题清单和目标清单，立法者可以在立法初期进行全方位、精细化的权衡分析，确保最终出台的法规既能满足地方的实际需要，又能符合法律体系的整体要求，从而提高立法质量，增强法规的权威性和执行力。该审查机制不仅是保障地方立法合法合规、切实有效的关键步骤，也是推动法治社会建设的重要环节。

第四节　协助修改草案

一、什么是草案

（一）草案概述

地方立法中的立法草案是指地方政府或地方权力机关（如省级人大及其常委会）在制定地方性法规时初步提出的法案文本。这些草案通常由对应职能部门负责起草，经过内部讨论后形成初步方案，再经过一系列法定程序，包括但不限于专家论证、公众参与、听证会、修订等环节，最终提交给有权的地方立法机关审议。

（二）地方立法草案的主要特点

第一，初步性。草案作为立法工作的开端，经历反复修改优化才能成为正式法律。立法草案是整个立法过程的初始文本，承载着立法的核心意图与目标导向，但在形成正式法规之前，通常要经过多次修订和完善。这意味着草案的内容并非最终定稿，而是随着立法程序的推进逐步成熟。部分条款可能因多方因素被修改、增删或者完全重新设计，以适应实际需求和法律环境的变化。

第二，开放性。草案往往会在一定范围内公开征求公众意见，旨在使立法更加民主化，更好地反映民意。为了保证立法的科学性和民主性，通常会在起草阶段或者审议之前向社会公示，征求不同群体的意见和建议。征求对象并不局限于专业人士，还包括普通公众、利益相关者、社会组织等。这种开放式立法模式有助于增强法规的社会认同感，提高法规的质量，并保障法规切实符合广大民众的利益诉求。

第三,专业性。立法草案的编制需要扎实的法律专业素养,确保其与现行法律法规的一致性和合法性。立法草案的编写需要具备高度的专业性,起草人员必须精通法律理论知识以及熟悉实际应用场景等。此外,还需要对所涉及领域的专业知识有一定的了解,以准确地界定权利义务关系,合理设定法律责任,从而确保草案内容既符合法律规定又具有可操作性。

第四,程序性。从草案初步拟定到最终成为地方性法规,必须严格遵循既定的法律程序。这包括但不限于以下几个步骤:立项(确定立法项目)、起草(组织人员编写草案)、论证(对草案进行合法性审查和技术评估)、公开征求意见(通过媒体、网络等方式向公众公示草案,收集反馈意见)、审议(将草案提交至地方人民代表大会或其常务委员会进行讨论)、表决(对审议后的草案进行投票决定是否通过)、公布(通过后,以法定形式予以公布),以及实施(规定具体生效时间和执行办法)。立法全过程都要严格遵循法定程序,以保障立法活动的规范性和透明度。

二、协助修改

在立法进程中,草案起草仅为起始环节,后续还需要经历多轮审议、修改和完善。立法团队需要根据前期收集的意见反馈、合法性审查的结果以及社会各界的建议,对草案进行针对性调整。有效地协助修改草案,确保最终形成的法规文本能够更加完善、合理并具有可操作性。

立法草案的修改是一个精细的过程,它直接关系法规的质量和实施效果。修改可以消除草案中的不合理之处,填补法律漏洞,使法律条文更加严谨、清晰,便于理解和执行。此外,修改还能够助力立法者更精准地回应社会热点问题,充分彰显民意,切实提升法规在公众心中的权威性与可信度。

1. 意见征集与整理:首先需要广泛征求社会各界的意见,包括专家学者、相关部门、企事业单位以及普通民众的意见并对征集的意见进行系统化梳理与分类。通过这种方式,可以确保立法草案充分考虑到不同群体的需求和关切点。

2. 合法性审查:根据现行法律框架内的相关规定,对草案进行合法性审查是非常重要的一步。审查过程中应着重核查草案是否符合上位法的规定、是否存在与宪法或其他法律相冲突之处。只有在确保草案合法的前提下,才能进一步对其合理性与可行性展开研讨。

3. 专家论证:为了提高草案的专业水平,组织专家研讨会是非常必要的。通过邀请法学专家、行业代表等对草案进行深入讨论,可从法律专业视角出发提出修改建议,帮助识别潜在的问题,并提供修改方案。

4. 内部讨论与修正:立法团队内部应当针对收集的意见和专家建议进行讨论,结合实际情况对草案进行修正。修正过程中应注重法律文本的逻辑性和一致性,确保各条款之间环环相扣、相互支撑,从而构筑起完整的法规体系。

5. 公开征求意见:草案修正后,再次向社会公布,广泛听取公众意见。这是确保立法民主化的重要步骤,也是对草案进行最后一轮优化的机会。公众的反馈有助于挖掘草案中可能存在的盲点,进一步提升立法质量。

6. 最终审定:根据上述各阶段的意见汇总,形成最终的草案版本,并提交给有关决策机构审议批准。这标志着草案修改工作的完成,也为法规进入实施阶段做好准备。

在立法草案的修改过程中,立法团队需要特别注意修改技巧与相关事项,以确保法规的完善性和可操作性。首先,每次修改都需要确立清晰目标,确保每一处调整都服务于法规的优化完善,杜绝无目的随意改动。其次,法律文本的语言应追求简洁精练,避免冗长复杂的表述,既要便于公众理解,又要确保用词准确无误,杜绝歧义产生。此外,修改过程中应重视法规的整体性,确保各条款之间相互呼应,避免出现矛盾或衔接不当的情况,从而保持整体结构的合理性和逻辑性。同时,立法团队还应关注法规实施的具体细节,确保法规不仅在理论上成立,在实践中也具有可操作性,能够有效指导实际工作。通过遵循这些原则和注意事项,立法团队可在修订过程中不断优化法规品质,使其既能精准反映社会现实需求,又能在实际执行中发挥应有的作用,为地方治理和社会发展提供坚实的法治保障。

三、协助起草法规草案的修改情况报告

(一)修改的背景

第一,修改目的。近年来,伴随经济和社会的快速发展,原有的法规已难以满

足当前的形势和要求。为了更好地推动地方经济社会发展,提高社会治理效能,政府启动了对某项特定法规草案的起草工作。在起草过程中,我们发现草案存在一些亟待解决的问题,如条文表述模糊、可操作性不强等。为打造高质量的法规草案,应进行多轮的修订工作。

第二,初次修订与意见反馈。在草案的初步修订阶段,我们广泛征求了社会各界的意见,包括专家学者、相关部门、企事业单位以及普通民众的意见。综合运用召开座谈会、发放调查问卷、在线征集等多种形式,广泛吸纳社会各界的意见和建议。这些意见经过系统整理归纳,为后续的修改提供了参考。在初步修订的基础上,主要解决以下问题:(1)条款明确性:部分条款表述模糊不清,导致执行时可能出现歧义。我们对这些条款进行了明确化处理,确保其含义清晰明确。(2)可操作性增强:原有草案中存在一些难以操作的规定,不利于实际执行。我们对这些条款进行了简化和优化,使其更具可操作性。

第三,专家论证与第二次修订。为进一步提升法规草案的质量,在初步修订的基础上,邀请相关领域的专家学者参与论证会。专家们对草案中的一些技术性条款提出了改进建议,同时指出了几处可能存在法律抵触的内容。根据专家论证的结果,草案进行了第二次修订,主要解决了以下问题:(1)技术性条款的改进。专家们认为,草案中某些技术性条款的表述不够专业,可能导致执行时的困难。因此,我们对这些条款进行了改进,统一了专业术语的使用,杜绝同一术语在不同条款中出现语义分歧的现象。对某些技术性条款进行了细化,明确了具体的操作标准和程序。(2)解决法律冲突。专家们指出,草案中存在几处可能与现有法律法规相冲突的情况。我们对此进行了认真研究,并对相关条款进行了调整,以确保草案与上位法的一致性。通过对整个草案开展全方位的一致性审查,确保所有条款之间相互协调、互不矛盾。

第四,修改效果评估。经过两轮修订,草案的条款更加明确、合理,可操作性显著增强,法律冲突得到有效解决。具体表现在以下几个方面:(1)条款明确性,修订后的条款表述更加清晰,避免了执行时的歧义。(2)可操作性增强,简化和优化后的条款更具可操作性,便于执行。(3)法律一致性,解决了可能存在的法律冲突,确保了草案与现有法律法规的一致性。

第五,结论与建议。通过多轮修订工作,我们不仅提高了草案的专业水平,还增强了其在实际应用中的可行性。修订后的草案更加适应社会发展的新趋势,彰显了坚实的民意基础。通过这样的努力,最终形成的法规将能够在保障人民权益的同时,促进社会和平与发展。

以上是一份草案修改报告应记载的主要内容,记录了法规草案修改的过程、依据、内容及预期效果,确保立法活动的透明度和科学性,为后续的相关工作提供有益的参考。为进一步提升法规草案的质量,在初步修订的基础上,邀请了相关领域的专家学者进行了论证会。专家们对草案中的一些技术性条款提出了改进建议,并指出了几处可能存在的法律冲突。据此,草案进行了第二次修订,解决了部分条款之间的衔接问题。

(二)修改情况报告的基本内容

1. 概况

在立法过程中,草案的修改是一项至关重要的工作,对法规的质量和实施效果起着决定性作用。修改后的报告不仅是对修改工作的总结,更是未来立法工作的参考。

首先,报告开篇应简要介绍草案修改的背景,涵盖修改的触发因素、修改的目的以及修改的必要性。这部分内容有助于立法者快速掌握修改工作的起因和重要性。其次,概述修改工作的总体情况,包括修改的时间段、参与的机构和个人等基本信息,为立法者提供一个宏观的视角。

2. 修改流程概述

(1)意见征集。详细介绍意见征集的过程,包括征集的对象(如专家学者、相关部门、企事业单位、普通民众等)、征集的方式(如座谈会、问卷调查、在线平台等)以及接收意见的数量和主要内容。

(2)合法性审查。说明合法性审查的依据和方法,强调审查的重要性,指出审查过程中发现的主要问题及解决方案。

(3)专家论证。描述专家论证会议的组织情况,包括参与论证的专家名单、论证的重点议题以及专家们的主要观点和建议。

(4)内部讨论与修正。阐述立法团队内部讨论的过程,包括讨论议题、参与者、讨论结果以及根据讨论结果作出的具体调整内容。

(5)公开征求意见。说明再次公开征求意见的安排,包括征求意见的时间、范围、方式以及收到的反馈情况。

(6)最终审定。简述草案最终审定的过程,包括审议的机构、审议的主要内容、审议的结果等。

3. 具体修改内容、效果与结论

具体的修改内容:(1)删除不合理条款。列出删除的具体条款及其理由,解释为什么这些条款被认为是不合理的,以及删除后的影响。(2)补充缺失内容。说明补充的具体内容及其必要性,解释为何这些内容在初稿中被遗漏,以及补充后对法规的完善有何帮助。(3)调整表述方式。举例说明调整表述方式的具体条款,解释调整的原因以及调整后的表达效果。(4)细化实施细节。列举细化实施细节的具体条款,解释细化的目的和意义,以及细化后对法规实施的帮助。

修改的效果评估:(1)法规质量提升。从法规的合理性、可操作性等维度,评估修改后法规整体质量的提升情况。(2)社会反响。分析社会各界对修改后草案的反应,包括正面评价和支持的声音,以及仍有待改进的意见和建议。(3)实施前景。展望修改后法规的实施前景,预测其在未来执行中的可能效果,以及对社会产生的积极影响。

修改的结论与建议:(1)总结修改成果。总结整个修改过程取得的主要成果,包括修改工作的亮点和创新之处。(2)提出建议。基于修改工作的经验,提出对未来立法工作的建议,包括进一步完善的思路、方法以及需要关注的重点领域。

最后,附上修改过程中收到的意见汇总、专家论证会议纪要、修改前后对比表等相关材料,以便读者查阅和核实。

经修改后的立法草案报告不仅能够全面展示修改工作的全过程,还能为后续的立法工作提供有价值的参考。如此详尽的报告,有助于增强法规的权威性和公信力,推动法规得到切实有效的贯彻落实。

第六章　立法后评估工作

第一节　立法后评估的概念和背景

一、立法后评估的概念

立法后评估是指法律法规或规章实施一段时间后，由特定主体按照一定程序和标准，对法律条文的制定质量、执行成效及其产生的社会影响展开系统化评估分析的过程。该理念源于 20 世纪 70 年代西方国家发起的“立法后评估”实践，目的在于提升立法水平并完善法律体系。在我国，立法后评估的概念和实践起步较晚，但发展迅速。2004 年，国务院发布的《全面推进依法行政实施纲要》首次明确提出要探索建立立法后评估制度，标志着我国立法后评估工作的正式启动。

地方性法规和规章立法后评估的演进历程与我国法治建设的深入推进相辅相成。随着地方立法权的不断扩大，地方性法规和规章的数量增加，立法质量问题日益凸显。为应对这一挑战，各地纷纷探索建立立法后评估机制。2005 年，山东省率先开展了地方性法规的立法后评估工作，开启了我国地方性立法后评估的先河。此后，北京、上海、广东等地相继开展了形式多样的立法后评估实践，积累了宝贵经验。2015 年《立法法》修正，标志着立法后评估从地方探索上升为国家制度。立法后评估的核心目标在于优化法律规范的实施效果，通过系统分析现有法规的执行情况推动修订完善，同时积累实践经验，为后续同类立法工作提供参考依据。其本质是立法质量的“再检验”和治理效能的“再诊断”。立法后评估相较于立法前评估，前者侧重于实施效果的分析评估，后者侧重可行性预测；立法后评估与执法检查相比，前者系系统性评价，后者着重法律执行情况；立法后评估与法规清理相比，前者为清理提供依据，后者属直接处置行为。

立法后评估核心特征：一是评估对象的特定性：针对已生效的地方性法规、自治条例和单行条例；二是评估内容的复合性：涵盖法律文本质量、实施效果、社会影响等多维度；三是关注评估方法的科学依据，强调定量分析与定性评估相结合的综合运用；四是明确评估结果的约束效力，要求将结论作为法规制定、修订或废止的法定依据。

立法后的成效评估是立法程序中不可或缺的关键环节，它有助于了解立法效果、提高立法质量和立法水平。

二、立法后评估的背景

党的二十大报告明确提出“统筹推进国内法治和涉外法治，以良法促进发展、保障善治”，并强调“推进科学立法、民主立法、依法立法，统筹立改废释纂，增强立法系统性、整体性、协同性、时效性”。[1] 这一战略部署标志着我国法治建设的重心已从构建法律体系转向提升立法质量，立法后评估作为实现“良法善治”的核心要素，其作用在法治实践中持续增强。近年来，地方人大积极探索立法后评估实践，如福建省的“立法回头看”、云南省的“立法工作回头看”，2019 年制定《金华市地方性法规立法后评估工作规则》，指导金华市地方性法规立法后评估的相关工作，这些内容共同反映出地方立法机关对法律实施效果的检视与完善诉求。地方立法后评估机制的发展，源于多重现实因素的驱动。

（一）立法质量提升的现实需求

在中国特色社会主义法律体系不断完善的进程中，立法工作的主要矛盾已从填补法律空白转向优化法律实施效果，尤其在地方层面，法规数量快速增长的同时，“操作性不足”“与上位法冲突”“执行效果偏离预期”等问题逐渐暴露。例如，某地市容管理条例中罚款标准畸高引发争议，凸显立法科学性的缺失。在此背景下，立法后评估成为“质量立法”时代的必然选择。它通过系统性检视法规的合

---

〔1〕 习近平：《高举中国特色社会主义伟大旗帜 为全面建设社会主义现代化国家而团结奋斗——在中国共产党第二十次全国代表大会上的报告》，载共产党员网，https://www.12371.cn/2022/10/25/ARTI1666705047474465.shtml。

法性、合理性和可操作性，为立法机关提供“回头看”的机制，推动法规从“纸面文本”向“实践规则”转化。这种反思性评估不仅是技术性改进，更是地方立法从“粗放式增长”转向“精细化治理”的体现。

（二）立法体制完善的制度演进

我国立法后评估机制的规范化发展与法治中国建设协同推进。2011 年国务院发布的《中国特色社会主义法律体系》白皮书首次提出建立健全立法后评估机制，将评估纳入法治体系构建的顶层设计。2014 年党的十八届四中全会进一步明确“引入第三方评估”的改革方向，为评估机制注入科学性与独立性。2015 年《立法法》修正新增第 63 条，首次在法律层面确立立法后评估制度，全国人民代表大会各专门委员会及常务委员会工作机构被赋予组织开展评估并提交结果报告的法定职责。这些制度性突破为地方实践确立了法律基础，例如，浙江省依据《立法法》精神，在 2022 年通过立法后评估推动《浙江省数字经济促进条例》修订，删除 5 条与市场规律脱节的条款。健全立法体系，凸显了国家层面对评估机制重要性的高度关注，也为地方探索预留了创新空间。

（三）法律实效导向的价值转型

传统立法思维偏重“立”而忽视“行”，导致部分法规沦为“休眠条款”。立法后评估工作的推进，反映出立法价值取向正经历从“制度建构”向“效能优化”的转型。其通过量化分析与质性研究，综合评估法规的实施效果、社会成本、司法适用等维度。例如，在对《上海市生活垃圾管理条例》的评估中，不仅统计分类准确率，还测算执法成本与居民满意度，发现“定时定点”制度在老旧社区执行困难，进而推动弹性化管理规则的出台。这种以实效为核心的评估范式，促使立法从“文本完美主义”转向“问题解决导向”，增强了法律回应社会需求的能力。

（四）社会动态发展的适应性要求

法律的稳定性与社会变迁的流动性存在固有张力。地方性法律规范通常根据本地区具体问题制定，但区域发展差异、技术进步、突发事件（如疫情）等变量，可能使法规快速“脱嵌”于现实。例如，某市网约车管理办法未预见共享经济模式的迭代，导致与新兴业态产生冲突。立法后评估通过定期“体检”，能够诊断法规与社会的适配度，为“立改废”提供依据。在对《广东省食品安全条例》的评估中,结合跨境电商新业态调整监管标准,正是通过评估实现法律动态调适的典型案例。这种机制有效缓解了法律滞后性难题,成为维系法治与社会协调发展的“调节阀”。

(五)地方法治建设的转型升级

在放权赋能改革背景下,地方立法权从省级扩展到设区的市,法规数量增加,但立法能力不足、重复立法、地方保护主义等问题也随之显现。立法后评估作为“质量管控工具”,推动地方法治建设从“数量扩张”转向“效益优先”。例如,《重庆市地方立法条例》中明确将评估结论作为法规修改的强制依据,强化制度刚性。这一转变是提高地方治理效率不可或缺的关键路径,也是落实“重大改革于法有据”的实践路径。

(六)公民参与立法的民主化进程

立法后评估工作突破了传统立法模式的封闭性,为公众参与搭建了制度化的平台。问卷调查、听证会、网络评议等多种形式的广泛运用(如针对《上海市生活垃圾管理条例》,评估收集 10 万份市民反馈),使民意得以实质性地推动立法完善。这种“评估民主化”具有双重意义:一方面,通过吸纳多元利益诉求,增强法规的正当性与可接受性;另一方面,借助公众监督遏制“部门立法利益化”倾向。评估机制成为衔接专业立法与大众诉求的“转换器”,推动立法从“管理工具”向“治理平台”演进。

地方性法规立法后评估的兴起,是立法逻辑从“建构理性”向“经验理性”转型的缩影,其背后交织着国家治理现代化的宏观诉求、立法科学化的技术革新、社会复杂性的现实挑战以及民主法治的价值追求。建立规范化、持续化、智能驱动的评估体系,是达成“良法善治”目标的核心抓手。未来应进一步强化评估结果的约束效力、完善第三方评估规范、探索大数据评估模型,使立法后评估真正成为法治中国建设的“质量引擎”。

第二节　立法后评估的必要性和重要意义

地方性法规作为中国特色社会主义法律体系的重要组成部分,地方立法水平的高低决定着治理效能的优劣。本部分从法治现代化视角出发,分析立法后评估的必要性、核心意义及实践作用。构建常态化的立法后评估制度是增强地方立法的科学化与民主化水平的核心举措,立法后评估能够有效破解立法滞后性矛盾,强化地方立法的实施效果,并为国家法治统一提供制度保障。

一、评估必要性

开展立法后评估的主要目的是什么?从根本上讲,立法必须以社会为基础,这是由顺应社会变革并随之调整的客观规律所决定的。立法是从实践中、群众中来的,也必须回到实践中、群众中去,它总结实践经验,历经实践验证,并在实践中持续发展。立法的必要性、合理性、可行性,以及法律法规、规章的实施范围、条件、标准、手段等,不是静止的,而是发展变化的,必须随着经济社会客观环境的变化和人们的主观认识的变化而有所调整,做到与时俱进。我国正处于经济转轨、社会转型的关键时期,市场经济体制、行政体制等仍在改革、完善过程中,法规制度体系具有鲜明的时效性特征。为此,开展立法实施效果评估具有重要现实意义。总体而言,这项工作是服务国家发展大局的法治基础,是增强立法民主性的关键举措,是提升立法科学性的制度保障,更是优化立法体系、增强法治效能的有效手段。具体分析,其必要性主要体现在以下几个维度。

(一)破解立法与实施效果脱节的现实需求

法律体系的稳定特质往往同社会持续演进与环境动态变迁形成矛盾,甚至与体系内其他的法律法规发生冲突,当它不能适应甚至阻碍改革发展时,就必须对静态的法进行修正,立法后评估为立法部门开辟了全新道路,助力科学研判法规修订的最佳时机,成为保障法与社会现实协调的有效措施。地方立法应针对地方事务制定特色规范,但在实践中,部分法规存在“重制定、轻实施”问题。例如,某市市容管理条例颁布之后，发生了一些执法冲突，2021 年××市城管行政复议、行政诉讼案件量较往年上升 15.7%[1]。立法后评估通过量化分析法规实施数据（如执法案件数、公众投诉率等），可精准定位立法缺陷，实现“制定—执行—反馈”闭环管理。

（二）应对社会动态发展的客观要求

地方性法规的制定应紧跟日新月异的社会发展步伐。以数字经济为例，某省 2020 年制定的《电子商务促进条例》中“数据共享”条款难以适应实践需求，立法后评估有助于构建灵活的条款更新机制。如上海市 2022 年对数据条例启动评估后，新增“公共数据授权运营”专章，使立法与数字经济发展同步。[2]

（三）维护法制统一的法治要求

地方立法面临“重复立法”“越权立法”风险。在对地方性法规的备案审查过程中，条文的合法性是审查的重点之一。例如，某省食品安全条例中“网络餐饮许可”条款与《食品安全法》存在冲突，经评估后被废止。立法后评估可前置性审查法规合宪性、合法性，防范立法权滥用。

二、评估意义

立法后评估是对生效法律开展质量审查和效益验证的重要机制，为持续发现并解决立法缺陷、优化法律内容与形式提供了有效路径。其核心价值主要体现在以下几个方面。

（一）完善地方法治体系的关键举措

1. 提升立法科学性

通过引入成本效益分析（如评估某市垃圾分类管理条例时测算财政支出与减排效益比达 1∶4.2）以及社会风险评估等工具，推动立法从“经验决策”转向“数

[1] 上海市城市管理行政执法局：《上海市城管执法系统 2021 年度行政复议和行政诉讼情况通报》，载上海市城市管理行政执法局官网，https://cgzf.sh.gov.cn/channel_4/20221024/8ef461754c5640ae86f00ac2b48064f8.html。

[2] 上海市人大：《关于〈上海市数据条例（草案）〉的说明》，载上海人大官网 2022 年 2 月，https://www.shrd.gov.cn/n8347/n8407/n9246/u1ai242797.html。

据决策”。

2. 增强立法民主性

通过在地方人大常委会网站、微信公众号、报纸等媒体发布评估通告，开展立法评估意见征集，有助于从客观层面增强地方性法规的公众认同感与接受度。评估期间通过专项调研及实地视察等方式，系统掌握法规实际执行状况，能够促进执法部门依法行政、提高行政效能、维护公民权益。地方性法规在立法后的评估实践过程，本质上也是推动全民普法、增进法律认知、强化守法意识、促进规范运用的综合性实践过程，能够在立法机构和社会之间形成良性互动，在推进科学立法的同时，推进严格执法、公正司法和全民守法，进而不断推动地方社会主义民主法治建设。如对某市物业管理条例评估时，累计收到市民建议 1.2 万条，其中有 27% 被采纳。

（二）优化地方治理效能的有效路径

1. 促进执法资源合理配置

通过评估发现某省安全生产监督条例中有 75% 的执法力量集中于低风险企业，据此调整监管重点后事故率下降 18% 。

2. 推动司法裁判标准统一

地方性法规常作为民事、行政审判依据。举例来说，某市住房租赁条例进行评估分析，明确“租金涨幅限制”条款的司法适用标准，相关案件审理周期缩短 40% 。

（三）保障公民权利的制度屏障

1. 防范“立法寻租”风险

对地方立法中具体条文的合规性、法律效力、实施效果及执行可行性进行系统评估，客观地评判其综合效益，增强地方性法规的实效。评估可揭露不当利益输送，如对某市出租车管理条例的评估中，发现“牌照垄断”条款导致市场准入歧视，最终废除了相关条款。

2. 强化弱势群体权益保护

评估某省残疾人保障条例时，通过实地调研增设“无障碍设施强制验收”程序，惠及全省 500 多万残疾人士。

三、地方性法规立法后评估的作用

（一）有助于保障和促进法律法规的实施

立法后评估成果是人大开展相关法律法规执法检查活动的重要依据。评估报告是在大量数据、案例分析和调研论证的基础上形成的，是对某一地方性法规的全面检查，立法后评估机制不仅能有效收集基层执法实践中的真实反馈与改进建议，更能发挥触类旁通的作用。通过系统梳理评估结果，可精准识别立法过程中存在的共性问题和潜在规律，为后续立法提供经验参照。这种闭环式评估体系既能规避同类问题重复发生，又能持续优化立法质量，形成科学规范的制度完善机制。

（二）有助于提高立法工作水平

推进立法后评估工作，适时对法规制定实施“回头看”行动，系统梳理并总结立法实践经验，深入开展法规体系中薄弱环节与问题的排查整改，为今后更好地开展立法工作奠定良好的基础。

（三）有助于及时启动相关法规的修改或废止程序

评估报告所提出的修改和废止方面的意见和建议，能够为启动法规修订或废止程序提供重要参考依据。因此，应当高度重视立法后评估成果的实际应用，为法规的修改和完善提供切实、可靠的保障和充足的现实依据。

（四）有助于推进普法教育

借助广泛征集社会各界的意见及开展民意调研等民主化途径，向社会和公众普及相关法律法规知识，能有效提升公民学法、知法、守法意识，能够在社会上营造良好的法治氛围。

地方立法要实现从“数量增长”到“质量提升”的转变，开展立法后评估是不可或缺的关键环节。唯有通过制度化、常态化的立法后评估，方能实现地方立法的“良法善治”目标，以全方位推进依法治国为指引，筑牢制度基础。

第三节　立法后评估的实施主体、对象与内容

地方性立法后评估通过多元主体参与、聚焦重点法规、全面分析内容，形成“制定—实施—反馈—完善”的闭环机制，有助于提升地方立法的科学性和实效性，推动法治政府建设。实践中应根据地方特色灵活调整评估标准，强化结果运用（如启动修改或废止程序）。

一、实施主体

立法后评估的实施主体主要包括以下几类：第一是立法机构自身，法规制定机关能够对自身颁布的法律进行实效评估。第二是同级人大，其有权监督并评估下属机构的立法工作及法规实施效果。第三是上级人大，其依法对下级立法机关的法规制定活动行使监督权，并开展评估工作。第四是授权机关，依据《立法法》相关规定，授权机关有权撤销被授权机关越权或违背授权原则制定的法规，因而具备开展立法评估的法定资格。第五是法规执行机关，因其直接掌握法律实施的具体情况，在评估过程中具有独特优势，属于关键评估主体。第六是外部主体，涵盖商业组织、研究机构、调研单位、中介团体以及社会公众等多元群体。

以金华市为例，立法后评估的实施主体为市人民代表大会有关专门委员会、常委会有关工作机构，作为立法后评估工作的协作主体，地方性法规执行部门及相关单位应积极参与并配合完成评估任务。按照对应的评估标准提交法规自查报告，及时提供与法规实施有关的材料和数据。同时，立法后评估实施主体可以将地方性法规立法后评估工作全部或者部分委托高等院校、科研院所、行业协会、法律服务机构等单位实施。

二、评估对象

地方人大在选取立法评估对象时，主要集中于本地区自主制定的地方性法规，只有极少数地方人大对实施国家法律的办法，例如，北京市人大常委会针对

《北京市实施〈中华人民共和国水污染防治法〉办法》(已失效)开展评估工作。值得注意的是,地方立法机关鲜少对上位法在本辖区内的执行成效展开系统评估。

地方人大在开展立法评估工作时,其涵盖领域范围十分广泛,评估范围覆盖经济、教育、科技、文化、卫生、环境与资源保护、城市建设与管理等领域的地方性法规。根据实际评估数据,各地优先对本地区历史文化遗产保护相关条例进行专项评估的情况较为普遍。根据《金华市地方性法规立法后评估工作规则》,金华市人大评估的对象是本地现行有效的地方性法规。

三、评估内容

立法后评估的内容主要包括以下几个方面。

(1)全面评估与部分评估:法律评估既可以是对整个法律体系的整体分析,也可以聚焦于特定领域或条款的专项审查。

(2)法律制度本身的评估与制度实施效果的评估:这包括对法律制度本身的设计和内容进行评估,以及对这些制度实施后的效果进行评估。

(3)合法性:评估法律法规是否符合《立法法》等相关法律法规确立的立法权限、立法程序和立法原则,是否存在与上位法相抵触的情形。

(4)合理性:评估公平、公正原则是否得到体现,各项管理措施是否必要、适当,是否对特定群体存在差别化的不利对待、限制或排斥情形,是否有效维护女性依法享有的特殊权益保障,是否在市场准入环节对各类主体实施区别性对待,法律责任条款的设定是否与违法行为的性质、事实、情节及其社会危害程度相匹配。

(5)协调性:评估与同位阶的规章是否存在冲突,与上位法要求建立的配套制度是否有效衔接。

(6)规范性:评估立法技术是否规范,概念界定是否清晰,逻辑结构是否严密,条款内容的表述是否清晰准确,是否妨碍规章制度的正确贯彻与有效执行。

(7)可操作性:评估规定的制度是否符合实际、易于操作,相关举措是否具备高效性与便民性,所设定的程序是否正当且流程简便。

(8)实效性:考察能否切实解决行政管理中的具体问题,是否得到广泛遵循和落实,是否达成预设的法规目标,实施后产生的经济社会效益是否显著超出规章制定、执行及维护的制度成本。

(9)实施绩效评估:主要涵盖项目执行的基本情况,实施的社会效益或者经济效益分析。

地方性法规立法后评估的实施主体应构建“立法机关主导 + 多元协同”模式,评估对象应遵循“强制与裁量相结合”的选择逻辑,评估内容应覆盖合法性、合理性、可操作性三维度。针对当前问题,一是明确主体权责。建议在《地方各级人民代表大会和地方各级人民政府组织法》中新增评估主体的相关条款。二是细化对象标准。建立“社会影响指数”等量化指标辅助对象筛选。三是统一内容框架。制定“地方立法后评估技术规范”,设定核心评估指标与权重。

通过制度完善,推动地方立法从“文本完备”走向“治理实效”,实现地方法治体系高质量发展。

第四节 立法后评估的原则、方法和程序

随着我国法治建设的深入推进,地方立法数量快速增长,但部分法规存在“立而不用”“相互冲突”“实施效果弱”等问题。立法后评估作为验证法规实施效果的关键机制,在法治实践中发挥重要作用。近年来,北京、上海、广东等地相继开展立法后评估试点,但实践中仍存在评估标准模糊、程序不规范、结果运用不足等短板。

一、评估原则

构建立法后评估的指导原则具有战略性意义,只有严格遵循科学准则,地方性法规实施效果评估机制方能有效发挥检测功能,精准判断现行法规修订或废止的必要性。《金华市地方性法规立法后评估工作规则》第三条规定:“立法后评估应当遵循科学规范、客观公正、公开透明、注重实效的原则。”参照该规定,立法后评估的原则主要包括以下几个方面。

(一)科学规范原则

评估制度的基石在于遵循科学规范的原则,它要求评估主体广泛深入地调查

和了解行政执法机关、社会团体、企事业单位、公民的意见,全面收集与评估相关的信息资料,并在此基础上,对材料开展客观、系统的分析研究,基于事实依据形成评估结论。客观公正原则的具体内涵可分为两个维度:一是在评估工作启动前,评估主体不能预设评估结论,不能为既定的评估结论服务。二是在开展评估工作时,评估方需要以立法实施后社会生活的实际状况和事实为基础,以收集的相关数据资料作为评估决策的客观依据,不得按照其个体的偏好取舍信息资料,克服主观臆断,克服部门利益、地方利益的倾向,评估主体也不能以偏概全。

(二)客观公正原则

客观公正原则,是指在立法后评估过程中,严格按照评估标准、评估方法等技术性规范的要求进行评估,遵循立法后评估活动的客观规律。首先,确保评估标准具备科学性和规范性。评估标准影响并决定评估结果,标准设计科学合理,能够准确体现法律施行的实际成效,促进立法体系向更健康的方向发展;反之,则可能误导对有关制度和规范的判断。其次,评估手段应科学严谨。影响立法后评估的因素有很多,如果没有科学的方法作指导,法律实施后的成效往往难以被精确衡量,而立法后评估的规范性则强调评估内容、标准设定及表述应统一、准确、简明。最后,评估流程应严格遵循既定规范,不得擅自变更。

(三)公开透明原则

公开透明原则,是指在立法后评估过程中,应遵循民主立法的原则。立法的制定过程应坚持民主化和公开透明原则,同时立法实施后的评估环节也要遵循公开透明原则。评估活动应重点吸纳人大代表、政协委员共同参与。在评估实施阶段,必须确保社会公众群体、专业研究人士等多元主体能够充分表达意见,建立有效机制收集公民、法人及其他社会组织通过不同渠道提出的评估信息资料和意见、建议,并给予足够的重视,健全公众参与民主的渠道机制。

(四)注重实效原则

注重实效原则要求坚持问题导向,强化评估结果在完善立法中的指引功能。要注重立法后评估工作的系统性推进,发现立法所呈现的法律效果和社会效果与立法者预期目标之间的差距。立法后评估工作要坚持问题导向,敢于发现问题、解决问题,将对法规修改有益的意见和建议反馈到有关机关。立法后评估报告应获得委托机关的实质性重视和积极反馈,确保评估结论能够有效转化为后续法规修订、废止或制定的科学依据。

二、评估方法

立法后评估应全面纳入多元要素的综合考量,采用科学的评估方法能够确保评估目的的实现。立法后评估的方法主要包括以下几种。

1. 听取汇报。听取地方性法规的制定主体针对该条例的制定、实施等相关情况的汇报。

2. 召开座谈会和论证会。就评估中的重点、难点问题召集有关执法部门、专家学者进行座谈。

3. 实地考察。收集法律实施效果的原始数据,确保评估结论的客观性与公正性。

4. 专家咨询。听取专家对法规实施情况的专业意见和建议。

5. 专题调研。针对地方性法规的重点、难点问题组织专题调研活动。

6. 问卷调查。要全面收集、倾听和吸收群众意见建议,重视调研样本的代表性。

7. 网络征询。通过网络方式进行调查,收集公众意见和反馈。

这些方法可以单独使用,也可以结合使用,以确保评估结果的全面性和准确性。通过这些方法,可以全面调查了解政府规章的实施情况,运用科学的方法和技术手段收集、分析和评估相关资料。

三、评估程序

立法后评估程序是法律程序的重要组成部分,其实施过程遵循科学的步骤与严谨的方法,并具备区别于其他程序的规范性特征:一是立法后评估程序设计是专门为地方立法评估活动服务的,作为地方立法后评估工作的核心程序,该流程应严格遵循特定实施步骤,适用对象也应严格限定。这种程序设置本质上是对地方性法规实体规范作出的科学回应,体现了立法评估活动的严谨性要求。二是时间的递进性和空间的叠加性。在评估过程中,立法后评估程序要求评估主体在一定期限内活动,并按照事先规定的步骤进行,体现了时间上的递进性和不可逆性;

在空间上，立法后评估程序要求主体在一定物理范围内活动，不能脱离一定的时空场域。因此，地方立法后评估程序具有时间上的递进性和空间上的叠加性。立法后评估的程序通常包括以下几个阶段。

1. 成立评估小组：评估工作组一般可由人大代表、政协委员、行业专家、管理顾问、律师代表，以及来自其他受委托评估机构的人员共同组成。评估工作组成立后，应使评估工作更加贴近实际并增强可操作性。受托开展立法后评估工作的单位，其组建的评估团队及拟定的评估方案，应报请委托机关审核确认。

2. 制订评估方案：评估方案主要包括评估目的、评估对象与内容、评估标准与方法、评估步骤与时间安排、经费预算、组织保障等，确保评估工作更切合实际，具有可操作性。受委托评估单位开展立法后评估工作，其成立的评估小组和制订的评估方案应当经委托机关审核同意。

3. 开展调查研究：在对评估对象的主要制度、条款进行筛选后，应对每一项拟被评估的法律制度进行分析，结合其立法目的、制度设计、实施效果、上位法依据等，形成具体问题，并在后续评估过程中对调查对象进行提问、核实或意见征集。

4. 进行分析评价：对收集的材料进行分析研究，对照评估内容和标准进行分析评价，提出初步评估结论。

5. 形成评估报告：对初步结论进行进一步研究和论证，形成正式评估结论，提出继续施行或者修改、废止、解释、建立配套制度体系、优化行政执法工作等建议，整理相关评估建议，编制完成正式评估报告。

6. 评估报告的审查与批准：评估报告起草完成后，应组建专家组对评估报告开展专业评审，完成正式定稿后提交主管部门审批。

7. 向社会公开：制定机关应通过恰当渠道和方式，将评估报告对社会公布，确保评估结果透明化。

8. 简易程序：在特定情形下，可采用简化的立法后评估流程。主要通过开展专题座谈、实施网络问卷调研、接收书面建议等渠道获取资料，同步安排专家研讨或举办听证论证等评估方式，最终形成评估结论报告。

地方立法后评估机制是法治体系闭环运作的关键环节，其原则确立、方法运用及程序设计的科学性与规范性将直接影响评估工作的实际成效。未来应进一步强化制度供给，推动评估从“形式化”向“效能化”转型，地方立法工作的根本宗旨在于达成“良法善治”的最终目标。

第五节　评估报告的撰写

评估报告是立法后评估工作成果的集中体现，其撰写应当遵循一定的规范和要求。首先，评估报告应当结构完整，通常包括摘要、前言、评估方法、评估结果、结论和建议等部分。其次，评估报告应具备详尽的内容体系，完整呈现评估流程与结论依据。再次，行文应表述严谨，杜绝任何含混不清的表述方式。最后，结构应层次分明，确保章节段落间存在严密的前后呼应关系，最终构成具有说服力的完整论证框架。

评估报告的主要内容应当包括评估背景和目的、评估对象和方法、评估过程和结果、主要发现和结论、政策建议等。其中，评估结果部分应当详细阐述法律法规的立法质量、实施效果和社会影响，并辅以相关数据和案例支持。结论部分应以简洁明了的语言概括评估的核心内容。建议部分则应聚焦于评估过程中发现的具体问题，并给出具备可操作性的改进方案。以下为立法后评估报告主要内容的标准撰写模板。

1. 摘要：对评估报告进行简要总结，涵盖评估目标、实施方式、关键研究成果及后续建议。

2. 前言：介绍评估的背景、目的、重点、方法以及评估工作的开展情况。

3. 评估方案：(1)评估内容：明确评估的具体条款或规章内容。(2)评估方法：描述将采用的评估方法，如问卷调查、实地调研、专家咨询等。

4. 评估过程：(1)准备阶段：收集与评估有关的资料，组建评估工作机构，培训评估人员等。(2)调研阶段：通过问卷调查、座谈会、实地考察等方式收集数据和信息。(3)分析撰写报告阶段：对收集的数据进行分析，并撰写评估报告初稿。(4)咨询验收阶段：评估报告初稿经过专家论证和征求意见后，形成最终报告。

5. 评估结果：(1)总体评价：对规章的整体实施效果和影响进行评价。(2)具体制度评价：对规章中具体条款的实施效果进行评价。

6. 评估后建议：基于评估结果，提出对规章的修改、废止或继续实施的建议。

7. 规章修改建议稿：如果评估建议包括对规章的修改，应提供具体的修改建议草案。

8. 附件：包括评估过程中使用的问卷、数据表格、调研记录等辅助材料。

9. 评估依据：列出评估所依据的法律规范和事实依据，如相关法律法规、政策文件、统计数据等。

10. 评估标准和指标：明确评估的标准和指标体系，如合法性、合理性、执行性、实效性等。

11. 立法后评估的组织和相关保障：介绍评估工作的组织结构、技术支持和经费保障。

12. 国外立法后评估的理论与实践：如果适用，可以介绍国外相关理论与实践，为评估提供参考。

第六节　立法后评估中的问题和改善建议

作为检验法律实施效果、促进科学立法与有效执行的关键机制，地方立法后评估是实现“良法善治”目标的重要制度保障。然而，实践中因制度供给不足、程序失范及结果运用虚化等问题，制约其功能发挥。截至 2025 年 2 月，我国现行有效的地方性法规已逾 1.6 万部，但部分法规存在“僵尸条款”“部门立法利益化”“实施效果偏离立法目标”等痼疾。

一、评估中存在的问题

评估标准是评估实践面临的困境之一，目前各地立法后评估活动存在评估标准选择制度性依据不足、评估标准制定缺乏体系性建构、评估标准适用科学性有待提升等问题。

（一）评估标准选择制度性依据不足

完善的法律制度体系是开展立法后评估工作的重要基石。立法后评估制度的法律渊源可追溯至2004年《全面推进依法行政实施纲要》中规定的“规章、规范性文件施行后，制定机关、实施机关应当定期对其实施情况进行评估”。然而，对于立法后评估标准，我国并没有统一模式，《立法法》也没有明确具体的规定。地方立法后评估标准同样缺乏制度依据，没有明确的法律文件的规约，导致各地即使是类似的评估活动，评估标准侧重点也各有不同。由于制度体系不健全，评估指标的选取缺乏科学依据和统一标准，导致评估工作难以有效推进。

（二）评估标准制定缺乏体系性建构

地方立法后评估标准有的采用直接列举方式，有的采用原则性规定方式，有的则是原则性规定和直接列举相结合的方式，规定各不相同，未能形成完整的体系。各地规定的标准较笼统、程式化且模糊，不同标准体系间存在名称重合但定义边界模糊的情况，现行标准普遍采用等权处理方式，缺乏层级划分。多数现行规范属于评估导向的临时性方案，具有显著的个案适配特征，不具有普遍适用的功能，评估视角着重于微观而非宏观，没有体现各类地方性法规、规章独特的行为预测和评价功能，缺少相应的实施效果指标。这些都导致无法在真正意义上实现地方立法后评估对地方法治建设的促进作用。

（三）评估标准适用科学性有待提升

评估标准不统一，且较为综合和抽象，在适用情况下，评估主体根据自身见解选择标准时往往难以达成共识。评估标准范围广、数量多，适用时高频率运用某一标准，降低其他标准的使用频率；评估标准没有具体的评价指标、无法量化。实践中，虽有部分地方制定了相应的评估指标体系，但体系中各部分所占权值的比重是否合理，仍值得继续探究。这些因素制约了评估成效，导致地方立法后评估结果难以实际转化和运用。

二、完善地方立法后评估标准的对策

（一）加强立法评估理论研究

理论的指引是实践进步的重要基石。目前，学术界对地方立法后评估标准研究较少，当前众多省市的地方立法后评估工作仍处于探索期，亟待完善相关理论研究，为地方立法评估实践提供坚实的理论支撑。地方立法后评估标准的选择、制定、适用离不开深入的论证基础,唯有如此,才能确保评估结论的科学性与合理性,为评估工作的合法性和正当性奠定坚实的理论基础。

(二)制定地方立法评估法

在全面推进依法治国的时代背景下,地方立法评估制度需要通过法律的形式予以确认。虽然目前已有部分地区制定了地方立法评估规范性文件,但实际上权威性不高。地方立法评估工作应由公权力主导和推进,制定全国统一的法律有助于优化地方立法资源配置。通过最高国家权力机关以法律形式确立并施行地方立法评估制度,既是规范地方立法的有效路径,也是推动法治建设的重要举措。从性质上来看,地方立法权的引导与规范权属当属最高国家权力机关专属职能。实践表明,地方立法评估作为技术性规范流程,其操作体系具有较高的复杂性,对立法专业能力要求较高。该评估机制的专业特性要求必须在评估主体资质、实施程序、指标体系等核心要素层面建立权威性指导框架,方可有效履行对地方立法权运行的监督评价职能,进而提升地方性法规的制定水准。总体而言,唯有通过立法途径实现地方立法后评估标准的体系化统一,方能切实保障良法善治目标的达成。

(三)确立立法后评估标准的基本原则

确立立法后评估标准的基本原则具有宏观指导意义,只有遵循科学的基本原则,地方立法后评估标准才能更好地成为反映地方性法规规章是否需要修改、废止的检验标尺。

第一,主观性与客观性相统一的原则。地方立法后评估既需要立足法律条文质量,全面检视其是否彰显正义、公平、效率等核心价值,又要坚持从法规规章的运行效果实际出发评估其是否客观描述立法价值、社会规律。

第二,应然性与实然性相统一的原则。立法后评估标准不仅是立法目标、立法价值等应然性抽象概念的体现,还需要结合实践经验总结、实地调研数据等实证研究方法,才能全面评估法规政策在政治、经济及社会层面的实际效果,进而发现实施过程中出现的问题并分析其症结所在。

第三,定性分析与定量分析相结合的原则。根据立法目的进行价值判断是定性分析,根据实施效果进行数据统计是定量分析。定量评估与定性评估的有机结合,构成了立法评估标准在应用中的关键所在。唯有将二者整合运用,方能有效提升立法评估标准的科学性与实效性。

第四,系统性与层次性相结合的原则。地方立法后评估标准体系的完整性应当通过不同层次的子系统和不同的评估维度体现出来。坚持评估标准的系统性就是要求整个体系全面完整且相互配合,层次性就是要求每个子系统均分布于各自独立的层级,避免相互交叉或矛盾。

第五,特色性和可操作性相统一的原则。地方立法后评估标准应结合地方实际,突出自身特色,并融合司法与执法实践经验,服务于地方法治建设,具有可操作性,提高工作效率并减少立法资源的浪费。

第六,时效性与稳定性相结合的原则。规范的建立既要立足当前实际,满足当下需求,同时应具备预判未来发展方向的前瞻视野。

(四)构建地方立法后评估标准体系

地方立法后评估标准体系作为评估工作的重要参照,评估地方性法规规章立法质量的优劣必然要求制定出全面客观、科学合理、实事求是的评估标准。建立立法后评估标准体系时,应立足实际情况,科学划分层次结构并合理配置相关要素的权重,从法理、技术、事实三个维度深入分析。

法理标准是依据法律基本原理、功能及特性对地方性法规规章进行法理基础评判的准则,主要涵盖合法性、合理性及合目的性三个核心维度。合法性标准通常是指评估主体对正在实施的地方性法规规章评估其是否与立法的原则、精神和国家方针政策相一致,判断立法的依据、权限、程序、内容是否与上位法的规定相一致。合理性标准是指行政法规与行政规章是否符合公平、体现社会正义与理性,设定的自由裁量的幅度与范围是否恰当,行政手段与行政目的之间是否符合比例原则等。合目的性标准旨在明确立法目标的基础上统筹协调不同利益主体关系,促使各方在权力与权利、职责与义务等核心议题上达成共识,确保适用范围内能够普遍遵守。技术标准是指文本质量应当遵循立法技术规范,由语言、结构、逻辑等不可或缺的最基本要素构成,从立法技术角度评价条文结构和逻辑关系是否合理、规范。评估立法文本在语言表达层面的精确性、凝练度与可理解性,同时核查专业术语使用的规范化程度。事实标准是指对地方性法规及规章在实践中的实施成效展开系统性评价，即考察评估对象的适应性、可操作性、实效性、效率性、地方特色和人民满意度。

（五）评估标准实施主体多元化

评估主体的差异性会直接影响评估标准的选择和适用，实施主体的多元构成对评估结果的科学性及准确性至关重要。典型的多元化评估体系包含立法机构、行政机关、专业评估组织以及社会大众等不同层面，这种多元协作机制能有效防止单一主体自我评估可能产生的表面化问题。评估工作的专业性要求由立法机关主导评估工作，统筹评估标准的适用。立法机关工作人员理论水平较高，了解所调整的社会关系以及所涉及的利益平衡，对地方性法规规章的制定过程进行调研分析，掌握评估所需的信息和材料，有利于发现问题，提高工作效率，但也存在只考虑自身利益，导致评估标准的选择过于片面，影响评估结果的客观公正等弊端。执法机关处于法律实施的第一线，能最早发现问题，执法机关对地方立法实效的实践经验是确立评估标准的关键依据，但可能出现服从权力机关权威的弊端，难以发挥自身作用。专门评估机构涵盖科研院校及具备立法评估资质的社会组织。公信度较高的评估机构处于中立的第三方，降低了检验的潜在风险，从而确保评估结果的客观真实，第三方评估机构在标准选择上往往倾向于满足委托方的需求。其他评估主体以公众为主，由于地方立法涉及公民切身利益，公众参与评估是民主化进程的重要体现，这不仅有助于汇聚民智，更能提升评估工作的科学性与民主性。然而，社会公众在立法后评估时易从自我感受入手，存在盲从和非理性的一面。综上所述，只有推动评估标准的多元化，才能确保评估实践保持相对独立性并实现优势互补，确保地方立法后评估活动的质量。

（六）建立健全评估信息网络收集系统

评估数据的收集是评估中一项庞杂而艰难的工作。要保证数据的准确性、客观性、广泛代表性，单纯依靠评估过程中有限的问卷调研和实地考察不足以支撑，必须构建数据采集与统计的系统性机制，把法规的立法背景资料、执法检查数据、调研数据、代表意见、群众建议等都及时充实到系统中并长期保存以便随时调取，立法后评估工作能够顺利推进的基础在于充分的前期准备。

（七）注意多种评估方法的综合运用

通过深化研究并整合专业技术人员力量，综合应用多种评估方法，可显著提升数据分析结论的科学性与精确性。建议采用评估听证会、专家论证会等多元化形式进行交叉验证，从而优化评估工作成效，提高立法后评估的结论真实可靠性以及评估活动的理论水平。

（八）更好地吸收运用评估结论

一份成功的立法评估报告，应该是立法成绩的有效总结，是立法修改启动程序的重要依据，是修改法规时的参考性文件。评估主体要积极运用评估结果，根据评估结果提出对策建议，并督促相关机关通过决策、执行等方式改进和完善，这样才能真正达到评估目的。

三、结语

地方立法后评估工作是提高立法质量、完善法律体系的重要途径。本部分通过系统研究，深入探讨了地方立法后评估工作的实务问题，包括评估的背景和概念、必要性和重要意义、实施主体和对象、评估原则和方法、评估程序、评估报告撰写以及存在的问题和改善建议等。研究表明，系统化、标准化的法律实施效果评价机制对推动法治进程、提高法律规范水准具有关键作用。

然而，当前地方立法后评估工作仍面临诸多挑战，如规范化程度不高、资源投入不足、结果运用机制不健全等。为此，需要加快评估工作的规范化建设，加大资源投入，健全结果运用机制，加强理论研究和实践创新，不断提高评估工作的科学性和实效性。

未来，随着法治建设的不断推进，地方立法后评估工作将面临新的机遇和挑战。建议立法机关、行政机关、学术界和社会各界共同努力，不断完善立法后评估制度，为提高地方立法质量、推进法治中国建设作出更大贡献。

附录1　中华人民共和国立法法

（2000年3月15日第九届全国人民代表大会第三次会议通过
根据2015年3月15日第十二届全国人民代表大会第三次会议
《关于修改〈中华人民共和国立法法〉的决定》第一次修正
根据2023年3月13日第十四届全国人民代表大会第一次会议
《关于修改〈中华人民共和国立法法〉的决定》第二次修正）

目　录

第一章　总　　则

第一条　为了规范立法活动，健全国家立法制度，提高立法质量，完善中国特色社会主义法律体系，发挥立法的引领和推动作用，保障和发展社会主义民主，全面推进依法治国，建设社会主义法治国家，根据宪法，制定本法。

第二条　法律、行政法规、地方性法规、自治条例和单行条例的制定、修改和废止，适用本法。

国务院部门规章和地方政府规章的制定、修改和废止，依照本法的有关规定执行。

第三条　立法应当坚持中国共产党的领导，坚持以马克思列宁主义、毛泽东思想、邓小平理论、“三个代表”重要思想、科学发展观、习近平新时代中国特色社会主义思想为指导，推进中国特色社会主义法治体系建设，保障在法治轨道上全面建设社会主义现代化国家。

第四条　立法应当坚持以经济建设为中心，坚持改革开放，贯彻新发展理念，保障以中国式现代化全面推进中华民族伟大复兴。

第五条　立法应当符合宪法的规定、原则和精神，依照法定的权限和程序，从国家整体利益出发，维护社会主义法制的统一、尊严、权威。

第六条　立法应当坚持和发展全过程人民民主，尊重和保障人权，保障和促进社会公平正义。

立法应当体现人民的意志，发扬社会主义民主，坚持立法公开，保障人民通过多种途径参与立法活动。

第七条　立法应当从实际出发，适应经济社会发展和全面深化改革的要求，科学合理地规定公民、法人和其他组织的权利与义务、国家机关的权力与责任。

法律规范应当明确、具体，具有针对性和可执行性。

第八条　立法应当倡导和弘扬社会主义核心价值观，坚持依法治国和以德治国相结合，铸牢中华民族共同体意识，推动社会主义精神文明建设。

第九条　立法应当适应改革需要，坚持在法治下推进改革和在改革中完善法治相统一，引导、推动、规范、保障相关改革，发挥法治在国家治理体系和治理能力现代化中的重要作用。

第二章 法 律

第一节 立法权限

第十条 全国人民代表大会和全国人民代表大会常务委员会根据宪法规定行使国家立法权。

全国人民代表大会制定和修改刑事、民事、国家机构的和其他的基本法律。

全国人民代表大会常务委员会制定和修改除应当由全国人民代表大会制定的法律以外的其他法律;在全国人民代表大会闭会期间,对全国人民代表大会制定的法律进行部分补充和修改,但是不得同该法律的基本原则相抵触。

全国人民代表大会可以授权全国人民代表大会常务委员会制定相关法律。

第十一条 下列事项只能制定法律:

(一)国家主权的事项;

(二)各级人民代表大会、人民政府、监察委员会、人民法院和人民检察院的产生、组织和职权;

(三)民族区域自治制度、特别行政区制度、基层群众自治制度;

(四)犯罪和刑罚;

(五)对公民政治权利的剥夺、限制人身自由的强制措施和处罚;

(六)税种的设立、税率的确定和税收征收管理等税收基本制度;

(七)对非国有财产的征收、征用;

(八)民事基本制度;

(九)基本经济制度以及财政、海关、金融和外贸的基本制度;

(十)诉讼制度和仲裁基本制度;

(十一)必须由全国人民代表大会及其常务委员会制定法律的其他事项。

第十二条 本法第十一条规定的事项尚未制定法律的,全国人民代表大会及其常务委员会有权作出决定,授权国务院可以根据实际需要,对其中的部分事项先制定行政法规,但是有关犯罪和刑罚、对公民政治权利的剥夺和限制人身自由的强制措施和处罚、司法制度等事项除外。

第十三条 授权决定应当明确授权的目的、事项、范围、期限以及被授权机关实施授权决定应当遵循的原则等。

授权的期限不得超过五年,但是授权决定另有规定的除外。

被授权机关应当在授权期限届满的六个月以前,向授权机关报告授权决定实施的情况,并提出是否需要制定有关法律的意见;需要继续授权的,可以提出相关意见,由全国人民代表大会及其常务委员会决定。

第十四条 授权立法事项,经过实践检验,制定法律的条件成熟时,由全国人民代表大会及其常务委员会及时制定法律。法律制定后,相应立法事项的授权终止。

第十五条 被授权机关应当严格按照授权决定行使被授予的权力。

被授权机关不得将被授予的权力转授给其他机关。

第十六条 全国人民代表大会及其常务委员会可以根据改革发展的需要,决定就特定事项授权在规定期限和范围内暂时调整或者暂时停止适用法律的部分规定。

暂时调整或者暂时停止适用法律的部分规定的事项,实践证明可行的,由全国人民代表大会及其常务委员会及时修改有关法律;修改法律的条件尚不成熟的,可以延长授权的期限,或者恢复施行有关法律规定。

第二节 全国人民代表大会立法程序

第十七条 全国人民代表大会主席团可以向全国人民代表大会提出法律案,由全国人民代表大会会议审议。

全国人民代表大会常务委员会、国务院、中央军事委员会、国家监察委员会、最高人民法院、最高人民检察院、全国人民代表大会各专门委员会,可以向全国人民代表大会提出法律案,由主席团决定列入会议议程。

第十八条 一个代表团或者三十名以上的代表联名,可以向全国人民代表大会提出法律案,由主席团决定是否列入会议议程,或者先交有关的专门委员会审议、提出是否列入会议议程的意见,再决定是否列入会议议程。

专门委员会审议的时候,可以邀请提案人列席会议,发表意见。

第十九条 向全国人民代表大会提出的法律案,在全国人民代表大会闭会期间,可以先向常务委员会提出,经常务委员会会议依照本法第二章第三节规定的有关程序审议后，决定提请全国人民代表大会审议，由常务委员会向大会全体会议作说明，或者由提案人向大会全体会议作说明。

常务委员会依照前款规定审议法律案，应当通过多种形式征求全国人民代表大会代表的意见，并将有关情况予以反馈；专门委员会和常务委员会工作机构进行立法调研，可以邀请有关的全国人民代表大会代表参加。

第二十条 常务委员会决定提请全国人民代表大会会议审议的法律案，应当在会议举行的一个月前将法律草案发给代表，并可以适时组织代表研读讨论，征求代表的意见。

第二十一条 列入全国人民代表大会会议议程的法律案，大会全体会议听取提案人的说明后，由各代表团进行审议。

各代表团审议法律案时，提案人应当派人听取意见，回答询问。

各代表团审议法律案时，根据代表团的要求，有关机关、组织应当派人介绍情况。

第二十二条 列入全国人民代表大会会议议程的法律案，由有关的专门委员会进行审议，向主席团提出审议意见，并印发会议。

第二十三条 列入全国人民代表大会会议议程的法律案，由宪法和法律委员会根据各代表团和有关的专门委员会的审议意见，对法律案进行统一审议，向主席团提出审议结果报告和法律草案修改稿，对涉及的合宪性问题以及重要的不同意见应当在审议结果报告中予以说明，经主席团会议审议通过后，印发会议。

第二十四条 列入全国人民代表大会会议议程的法律案，必要时，主席团常务主席可以召开各代表团团长会议，就法律案中的重大问题听取各代表团的审议意见，进行讨论，并将讨论的情况和意见向主席团报告。

主席团常务主席也可以就法律案中的重大的专门性问题，召集代表团推选的有关代表进行讨论，并将讨论的情况和意见向主席团报告。

第二十五条 列入全国人民代表大会会议议程的法律案，在交付表决前，提案人要求撤回的，应当说明理由，经主席团同意，并向大会报告，对该法律案的审议即行终止。

第二十六条 法律案在审议中有重大问题需要进一步研究的，经主席团提出，由大会全体会议决定，可以授权常务委员会根据代表的意见进一步审议，作出决定，并将决定情况向全国人民代表大会下次会议报告；也可以授权常务委员会根据代表的意见进一步审议，提出修改方案，提请全国人民代表大会下次会议审议决定。

第二十七条　法律草案修改稿经各代表团审议，由宪法和法律委员会根据各代表团的审议意见进行修改，提出法律草案表决稿，由主席团提请大会全体会议表决，由全体代表的过半数通过。

第二十八条　全国人民代表大会通过的法律由国家主席签署主席令予以公布。

第三节　全国人民代表大会常务委员会立法程序

第二十九条　委员长会议可以向常务委员会提出法律案，由常务委员会会议审议。

国务院、中央军事委员会、国家监察委员会、最高人民法院、最高人民检察院、全国人民代表大会各专门委员会，可以向常务委员会提出法律案，由委员长会议决定列入常务委员会会议议程，或者先交有关的专门委员会审议、提出报告，再决定列入常务委员会会议议程。如果委员长会议认为法律案有重大问题需要进一步研究，可以建议提案人修改完善后再向常务委员会提出。

第三十条　常务委员会组成人员十人以上联名，可以向常务委员会提出法律案，由委员长会议决定是否列入常务委员会会议议程，或者先交有关的专门委员会审议、提出是否列入会议议程的意见，再决定是否列入常务委员会会议议程。不列入常务委员会会议议程的，应当向常务委员会会议报告或者向提案人说明。

专门委员会审议的时候，可以邀请提案人列席会议，发表意见。

第三十一条　列入常务委员会会议议程的法律案，除特殊情况外，应当在会议举行的七日前将法律草案发给常务委员会组成人员。

常务委员会会议审议法律案时，应当邀请有关的全国人民代表大会代表列席会议。

第三十二条　列入常务委员会会议议程的法律案，一般应当经三次常务委员会会议审议后再交付表决。

常务委员会会议第一次审议法律案，在全体会议上听取提案人的说明，由分组会议进行初步审议。

常务委员会会议第二次审议法律案，在全体会议上听取宪法和法律委员会关于法律草案修改情况和主要问题的汇报，由分组会议进一步审议。

常务委员会会议第三次审议法律案，在全体会议上听取宪法和法律委员会关于法律草案审议结果的报告，由分组会议对法律草案修改稿进行审议。

常务委员会审议法律案时，根据需要，可以召开联组会议或者全体会议，对法律草案中的主要问题进行讨论。

第三十三条 列入常务委员会会议议程的法律案，各方面的意见比较一致的，可以经两次常务委员会会议审议后交付表决；调整事项较为单一或者部分修改的法律案，各方面的意见比较一致，或者遇有紧急情形的，也可以经一次常务委员会会议审议即交付表决。

第三十四条 常务委员会分组会议审议法律案时，提案人应当派人听取意见，回答询问。

常务委员会分组会议审议法律案时，根据小组的要求，有关机关、组织应当派人介绍情况。

第三十五条 列入常务委员会会议议程的法律案，由有关的专门委员会进行审议，提出审议意见，印发常务委员会会议。

有关的专门委员会审议法律案时，可以邀请其他专门委员会的成员列席会议，发表意见。

第三十六条 列入常务委员会会议议程的法律案，由宪法和法律委员会根据常务委员会组成人员、有关的专门委员会的审议意见和各方面提出的意见，对法律案进行统一审议，提出修改情况的汇报或者审议结果报告和法律草案修改稿，对涉及的合宪性问题以及重要的不同意见应当在修改情况的汇报或者审议结果报告中予以说明。对有关的专门委员会的审议意见没有采纳的，应当向有关的专门委员会反馈。

宪法和法律委员会审议法律案时，应当邀请有关的专门委员会的成员列席会议，发表意见。

第三十七条 专门委员会审议法律案时，应当召开全体会议审议，根据需要，可以要求有关机关、组织派有关负责人说明情况。

第三十八条 专门委员会之间对法律草案的重要问题意见不一致时，应当向委员长会议报告。

第三十九条 列入常务委员会会议议程的法律案，宪法和法律委员会、有关的专门委员会和常务委员会工作机构应当听取各方面的意见。听取意见可以采取座谈会、论证会、听证会等多种形式。

法律案有关问题专业性较强，需要进行可行性评价的，应当召开论证会，听取有关专家、部门和全国人民代表大会代表等方面的意见。论证情况应当向常务委员会报告。

法律案有关问题存在重大意见分歧或者涉及利益关系重大调整，需要进行听证的，应当召开听证会，听取有关基层和群体代表、部门、人民团体、专家、全国人民代表大会代表和社会有关方面的意见。听证情况应当向常务委员会报告。

常务委员会工作机构应当将法律草案发送相关领域的全国人民代表大会代表、地方人民代表大会常务委员会以及有关部门、组织和专家征求意见。

第四十条 列入常务委员会会议议程的法律案，应当在常务委员会会议后将法律草案及其起草、修改的说明等向社会公布，征求意见，但是经委员长会议决定不公布的除外。向社会公布征求意见的时间一般不少于三十日。征求意见的情况应当向社会通报。

第四十一条 列入常务委员会会议议程的法律案，常务委员会工作机构应当收集整理分组审议的意见和各方面提出的意见以及其他有关资料，分送宪法和法律委员会、有关的专门委员会，并根据需要，印发常务委员会会议。

第四十二条 拟提请常务委员会会议审议通过的法律案，在宪法和法律委员会提出审议结果报告前，常务委员会工作机构可以对法律草案中主要制度规范的可行性、法律出台时机、法律实施的社会效果和可能出现的问题等进行评估。评估情况由宪法和法律委员会在审议结果报告中予以说明。

第四十三条 列入常务委员会会议议程的法律案，在交付表决前，提案人要求撤回的，应当说明理由，经委员长会议同意，并向常务委员会报告，对该法律案的审议即行终止。

第四十四条 法律草案修改稿经常务委员会会议审议，由宪法和法律委员会根据常务委员会组成人员的审议意见进行修改，提出法律草案表决稿，由委员长会议提请常务委员会全体会议表决,由常务委员会全体组成人员的过半数通过。

法律草案表决稿交付常务委员会会议表决前,委员长会议根据常务委员会会议审议的情况,可以决定将个别意见分歧较大的重要条款提请常务委员会会议单独表决。

单独表决的条款经常务委员会会议表决后,委员长会议根据单独表决的情况,可以决定将法律草案表决稿交付表决,也可以决定暂不付表决,交宪法和法律委员会、有关的专门委员会进一步审议。

第四十五条 列入常务委员会会议审议的法律案,因各方面对制定该法律的必要性、可行性等重大问题存在较大意见分歧搁置审议满两年的,或者因暂不付表决经过两年没有再次列入常务委员会会议议程审议的,委员长会议可以决定终止审议,并向常务委员会报告;必要时,委员长会议也可以决定延期审议。

第四十六条 对多部法律中涉及同类事项的个别条款进行修改,一并提出法律案的,经委员长会议决定,可以合并表决,也可以分别表决。

第四十七条 常务委员会通过的法律由国家主席签署主席令予以公布。

第四节 法律解释

第四十八条 法律解释权属于全国人民代表大会常务委员会。

法律有以下情况之一的,由全国人民代表大会常务委员会解释:

(一)法律的规定需要进一步明确具体含义的;

(二)法律制定后出现新的情况,需要明确适用法律依据的。

第四十九条 国务院、中央军事委员会、国家监察委员会、最高人民法院、最高人民检察院、全国人民代表大会各专门委员会,可以向全国人民代表大会常务委员会提出法律解释要求或者提出相关法律案。

省、自治区、直辖市的人民代表大会常务委员会可以向全国人民代表大会常务委员会提出法律解释要求。

第五十条 常务委员会工作机构研究拟订法律解释草案,由委员长会议决定列入常务委员会会议议程。

第五十一条 法律解释草案经常务委员会会议审议,由宪法和法律委员会根据常务委员会组成人员的审议意见进行审议、修改,提出法律解释草案表决稿。

第五十二条 法律解释草案表决稿由常务委员会全体组成人员的过半数通过，由常务委员会发布公告予以公布。

第五十三条 全国人民代表大会常务委员会的法律解释同法律具有同等效力。

第五节 其他规定

第五十四条 全国人民代表大会及其常务委员会加强对立法工作的组织协调，发挥在立法工作中的主导作用。

第五十五条 全国人民代表大会及其常务委员会坚持科学立法、民主立法、依法立法，通过制定、修改、废止、解释法律和编纂法典等多种形式，增强立法的系统性、整体性、协同性、时效性。

第五十六条 全国人民代表大会常务委员会通过立法规划和年度立法计划、专项立法计划等形式，加强对立法工作的统筹安排。编制立法规划和立法计划，应当认真研究代表议案和建议，广泛征集意见，科学论证评估，根据经济社会发展和民主法治建设的需要，按照加强重点领域、新兴领域、涉外领域立法的要求，确定立法项目。立法规划和立法计划由委员长会议通过并向社会公布。

全国人民代表大会常务委员会工作机构负责编制立法规划、拟订立法计划，并按照全国人民代表大会常务委员会的要求，督促立法规划和立法计划的落实。

第五十七条 全国人民代表大会有关的专门委员会、常务委员会工作机构应当提前参与有关方面的法律草案起草工作；综合性、全局性、基础性的重要法律草案，可以由有关的专门委员会或者常务委员会工作机构组织起草。

专业性较强的法律草案，可以吸收相关领域的专家参与起草工作，或者委托有关专家、教学科研单位、社会组织起草。

第五十八条 提出法律案，应当同时提出法律草案文本及其说明，并提供必要的参阅资料。修改法律的，还应当提交修改前后的对照文本。法律草案的说明应当包括制定或者修改法律的必要性、可行性和主要内容，涉及合宪性问题的相关意见以及起草过程中对重大分歧意见的协调处理情况。

第五十九条 向全国人民代表大会及其常务委员会提出的法律案，在列入会议议程前，提案人有权撤回。

第六十条 交付全国人民代表大会及其常务委员会全体会议表决未获得通过的法律案,如果提案人认为必须制定该法律,可以按照法律规定的程序重新提出,由主席团、委员长会议决定是否列入会议议程;其中,未获得全国人民代表大会通过的法律案,应当提请全国人民代表大会审议决定。

第六十一条 法律应当明确规定施行日期。

第六十二条 签署公布法律的主席令载明该法律的制定机关、通过和施行日期。

法律签署公布后,法律文本以及法律草案的说明、审议结果报告等,应当及时在全国人民代表大会常务委员会公报和中国人大网以及在全国范围内发行的报纸上刊载。

在常务委员会公报上刊登的法律文本为标准文本。

第六十三条 法律的修改和废止程序,适用本章的有关规定。

法律被修改的,应当公布新的法律文本。

法律被废止的,除由其他法律规定废止该法律的以外,由国家主席签署主席令予以公布。

第六十四条 法律草案与其他法律相关规定不一致的,提案人应当予以说明并提出处理意见,必要时应当同时提出修改或者废止其他法律相关规定的议案。

宪法和法律委员会、有关的专门委员会审议法律案时,认为需要修改或者废止其他法律相关规定的,应当提出处理意见。

第六十五条 法律根据内容需要,可以分编、章、节、条、款、项、目。

编、章、节、条的序号用中文数字依次表述,款不编序号,项的序号用中文数字加括号依次表述,目的序号用阿拉伯数字依次表述。

法律标题的题注应当载明制定机关、通过日期。经过修改的法律,应当依次载明修改机关、修改日期。

全国人民代表大会常务委员会工作机构编制立法技术规范。

第六十六条 法律规定明确要求有关国家机关对专门事项作出配套的具体规定的,有关国家机关应当自法律施行之日起一年内作出规定,法律对配套的具体规定制定期限另有规定的,从其规定。有关国家机关未能在期限内作出配套的具体规定的,应当向全国人民代表大会常务委员会说明情况。

第六十七条 全国人民代表大会有关的专门委员会、常务委员会工作机构可以组织对有关法律或者法律中有关规定进行立法后评估。评估情况应当向常务委员会报告。

第六十八条 全国人民代表大会及其常务委员会作出有关法律问题的决定，适用本法的有关规定。

第六十九条 全国人民代表大会常务委员会工作机构可以对有关具体问题的法律询问进行研究予以答复，并报常务委员会备案。

第七十条 全国人民代表大会常务委员会工作机构根据实际需要设立基层立法联系点，深入听取基层群众和有关方面对法律草案和立法工作的意见。

第七十一条 全国人民代表大会常务委员会工作机构加强立法宣传工作，通过多种形式发布立法信息、介绍情况、回应关切。

第三章 行政法规

第七十二条 国务院根据宪法和法律，制定行政法规。

行政法规可以就下列事项作出规定：

（一）为执行法律的规定需要制定行政法规的事项；

（二）宪法第八十九条规定的国务院行政管理职权的事项。

应当由全国人民代表大会及其常务委员会制定法律的事项，国务院根据全国人民代表大会及其常务委员会的授权决定先制定的行政法规，经过实践检验，制定法律的条件成熟时，国务院应当及时提请全国人民代表大会及其常务委员会制定法律。

第七十三条 国务院法制机构应当根据国家总体工作部署拟订国务院年度立法计划，报国务院审批。国务院年度立法计划中的法律项目应当与全国人民代表大会常务委员会的立法规划和立法计划相衔接。国务院法制机构应当及时跟踪了解国务院各部门落实立法计划的情况，加强组织协调和督促指导。

国务院有关部门认为需要制定行政法规的，应当向国务院报请立项。

第七十四条 行政法规由国务院有关部门或者国务院法制机构具体负责起草，重要行政管理的法律、行政法规草案由国务院法制机构组织起草。行政法规在起草过程中，应当广泛听取有关机关、组织、人民代表大会代表和社会公众的意见。听取意见可以采取座谈会、论证会、听证会等多种形式。

行政法规草案应当向社会公布,征求意见,但是经国务院决定不公布的除外。

第七十五条 行政法规起草工作完成后,起草单位应当将草案及其说明、各方面对草案主要问题的不同意见和其他有关资料送国务院法制机构进行审查。

国务院法制机构应当向国务院提出审查报告和草案修改稿,审查报告应当对草案主要问题作出说明。

第七十六条 行政法规的决定程序依照中华人民共和国国务院组织法的有关规定办理。

第七十七条 行政法规由总理签署国务院令公布。

有关国防建设的行政法规,可以由国务院总理、中央军事委员会主席共同签署国务院、中央军事委员会令公布。

第七十八条 行政法规签署公布后,及时在国务院公报和中国政府法制信息网以及在全国范围内发行的报纸上刊载。

在国务院公报上刊登的行政法规文本为标准文本。

第七十九条 国务院可以根据改革发展的需要,决定就行政管理等领域的特定事项,在规定期限和范围内暂时调整或者暂时停止适用行政法规的部分规定。

第四章 地方性法规、自治条例和单行条例、规章

第一节 地方性法规、自治条例和单行条例

第八十条 省、自治区、直辖市的人民代表大会及其常务委员会根据本行政区域的具体情况和实际需要,在不同宪法、法律、行政法规相抵触的前提下,可以制定地方性法规。

第八十一条 设区的市的人民代表大会及其常务委员会根据本市的具体情况和实际需要,在不同宪法、法律、行政法规和本省、自治区的地方性法规相抵触的前提下,可以对城乡建设与管理、生态文明建设、历史文化保护、基层治理等方面的事项制定地方性法规,法律对设区的市制定地方性法规的事项另有规定的,从其规定。设区的市的地方性法规须报省、自治区的人民代表大会常务委员会批准后施行。省、自治区的人民代表大会常务委员会对报请批准的地方性法规,应

当对其合法性进行审查,认为同宪法、法律、行政法规和本省、自治区的地方性法规不抵触的,应当在四个月内予以批准。

省、自治区的人民代表大会常务委员会在对报请批准的设区的市的地方性法规进行审查时,发现其同本省、自治区的人民政府的规章相抵触的,应当作出处理决定。

除省、自治区的人民政府所在地的市,经济特区所在地的市和国务院已经批准的较大的市以外,其他设区的市开始制定地方性法规的具体步骤和时间,由省、自治区的人民代表大会常务委员会综合考虑本省、自治区所辖的设区的市的人口数量、地域面积、经济社会发展情况以及立法需求、立法能力等因素确定,并报全国人民代表大会常务委员会和国务院备案。

自治州的人民代表大会及其常务委员会可以依照本条第一款规定行使设区的市制定地方性法规的职权。自治州开始制定地方性法规的具体步骤和时间,依照前款规定确定。

省、自治区的人民政府所在地的市,经济特区所在地的市和国务院已经批准的较大的市已经制定的地方性法规,涉及本条第一款规定事项范围以外的,继续有效。

第八十二条　地方性法规可以就下列事项作出规定:

(一)为执行法律、行政法规的规定,需要根据本行政区域的实际情况作具体规定的事项;

(二)属于地方性事务需要制定地方性法规的事项。

除本法第十一条规定的事项外,其他事项国家尚未制定法律或者行政法规的,省、自治区、直辖市和设区的市、自治州根据本地方的具体情况和实际需要,可以先制定地方性法规。在国家制定的法律或者行政法规生效后,地方性法规同法律或者行政法规相抵触的规定无效,制定机关应当及时予以修改或者废止。

设区的市、自治州根据本条第一款、第二款制定地方性法规,限于本法第八十一条第一款规定的事项。

制定地方性法规,对上位法已经明确规定的内容,一般不作重复性规定。

第八十三条　省、自治区、直辖市和设区的市、自治州的人民代表大会及其常务委员会根据区域协调发展的需要,可以协同制定地方性法规,在本行政区域或者有关区域内实施。

省、自治区、直辖市和设区的市、自治州可以建立区域协同立法工作机制。

第八十四条 经济特区所在地的省、市的人民代表大会及其常务委员会根据全国人民代表大会的授权决定，制定法规，在经济特区范围内实施。

上海市人民代表大会及其常务委员会根据全国人民代表大会常务委员会的授权决定，制定浦东新区法规，在浦东新区实施。

海南省人民代表大会及其常务委员会根据法律规定，制定海南自由贸易港法规，在海南自由贸易港范围内实施。

第八十五条 民族自治地方的人民代表大会有权依照当地民族的政治、经济和文化的特点，制定自治条例和单行条例。自治区的自治条例和单行条例，报全国人民代表大会常务委员会批准后生效。自治州、自治县的自治条例和单行条例，报省、自治区、直辖市的人民代表大会常务委员会批准后生效。

自治条例和单行条例可以依照当地民族的特点，对法律和行政法规的规定作出变通规定，但不得违背法律或者行政法规的基本原则，不得对宪法和民族区域自治法的规定以及其他有关法律、行政法规专门就民族自治地方所作的规定作出变通规定。

第八十六条 规定本行政区域特别重大事项的地方性法规，应当由人民代表大会通过。

第八十七条 地方性法规案、自治条例和单行条例案的提出、审议和表决程序，根据中华人民共和国地方各级人民代表大会和地方各级人民政府组织法，参照本法第二章第二节、第三节、第五节的规定，由本级人民代表大会规定。

地方性法规草案由负责统一审议的机构提出审议结果的报告和草案修改稿。

第八十八条 省、自治区、直辖市的人民代表大会制定的地方性法规由大会主席团发布公告予以公布。

省、自治区、直辖市的人民代表大会常务委员会制定的地方性法规由常务委员会发布公告予以公布。

设区的市、自治州的人民代表大会及其常务委员会制定的地方性法规报经批准后，由设区的市、自治州的人民代表大会常务委员会发布公告予以公布。

自治条例和单行条例报经批准后，分别由自治区、自治州、自治县的人民代表大会常务委员会发布公告予以公布。

第八十九条　地方性法规、自治条例和单行条例公布后，其文本以及草案的说明、审议结果报告等，应当及时在本级人民代表大会常务委员会公报和中国人大网、本地方人民代表大会网站以及在本行政区域范围内发行的报纸上刊载。

在常务委员会公报上刊登的地方性法规、自治条例和单行条例文本为标准文本。

第九十条　省、自治区、直辖市和设区的市、自治州的人民代表大会常务委员会根据实际需要设立基层立法联系点，深入听取基层群众和有关方面对地方性法规、自治条例和单行条例草案的意见。

第二节　规　　章

第九十一条　国务院各部、委员会、中国人民银行、审计署和具有行政管理职能的直属机构以及法律规定的机构，可以根据法律和国务院的行政法规、决定、命令，在本部门的权限范围内，制定规章。

部门规章规定的事项应当属于执行法律或者国务院的行政法规、决定、命令的事项。没有法律或者国务院的行政法规、决定、命令的依据，部门规章不得设定减损公民、法人和其他组织权利或者增加其义务的规范，不得增加本部门的权力或者减少本部门的法定职责。

第九十二条　涉及两个以上国务院部门职权范围的事项，应当提请国务院制定行政法规或者由国务院有关部门联合制定规章。

第九十三条　省、自治区、直辖市和设区的市、自治州的人民政府，可以根据法律、行政法规和本省、自治区、直辖市的地方性法规，制定规章。

地方政府规章可以就下列事项作出规定：

（一）为执行法律、行政法规、地方性法规的规定需要制定规章的事项；

（二）属于本行政区域的具体行政管理事项。

设区的市、自治州的人民政府根据本条第一款、第二款制定地方政府规章，限于城乡建设与管理、生态文明建设、历史文化保护、基层治理等方面的事项。已经制定的地方政府规章，涉及上述事项范围以外的，继续有效。

除省、自治区的人民政府所在地的市，经济特区所在地的市和国务院已经批准的较大的市以外,其他设区的市、自治州的人民政府开始制定规章的时间,与本省、自治区人民代表大会常务委员会确定的本市、自治州开始制定地方性法规的时间同步。

应当制定地方性法规但条件尚不成熟的,因行政管理迫切需要,可以先制定地方政府规章。规章实施满两年需要继续实施规章所规定的行政措施的,应当提请本级人民代表大会或者其常务委员会制定地方性法规。

没有法律、行政法规、地方性法规的依据,地方政府规章不得设定减损公民、法人和其他组织权利或者增加其义务的规范。

第九十四条 国务院部门规章和地方政府规章的制定程序,参照本法第三章的规定,由国务院规定。

第九十五条 部门规章应当经部务会议或者委员会会议决定。

地方政府规章应当经政府常务会议或者全体会议决定。

第九十六条 部门规章由部门首长签署命令予以公布。

地方政府规章由省长、自治区主席、市长或者自治州州长签署命令予以公布。

第九十七条 部门规章签署公布后,及时在国务院公报或者部门公报和中国政府法制信息网以及在全国范围内发行的报纸上刊载。

地方政府规章签署公布后,及时在本级人民政府公报和中国政府法制信息网以及在本行政区域范围内发行的报纸上刊载。

在国务院公报或者部门公报和地方人民政府公报上刊登的规章文本为标准文本。

第五章 适用与备案审查

第九十八条 宪法具有最高的法律效力,一切法律、行政法规、地方性法规、自治条例和单行条例、规章都不得同宪法相抵触。

第九十九条 法律的效力高于行政法规、地方性法规、规章。

行政法规的效力高于地方性法规、规章。

第一百条 地方性法规的效力高于本级和下级地方政府规章。

省、自治区的人民政府制定的规章的效力高于本行政区域内的设区的市、自治州的人民政府制定的规章。

第一百零一条 自治条例和单行条例依法对法律、行政法规、地方性法规作变通规定的,在本自治地方适用自治条例和单行条例的规定。

经济特区法规根据授权对法律、行政法规、地方性法规作变通规定的,在本经济特区适用经济特区法规的规定。

第一百零二条 部门规章之间、部门规章与地方政府规章之间具有同等效力,在各自的权限范围内施行。

第一百零三条 同一机关制定的法律、行政法规、地方性法规、自治条例和单行条例、规章,特别规定与一般规定不一致的,适用特别规定;新的规定与旧的规定不一致的,适用新的规定。

第一百零四条 法律、行政法规、地方性法规、自治条例和单行条例、规章不溯及既往,但为了更好地保护公民、法人和其他组织的权利和利益而作的特别规定除外。

第一百零五条 法律之间对同一事项的新的一般规定与旧的特别规定不一致,不能确定如何适用时,由全国人民代表大会常务委员会裁决。

行政法规之间对同一事项的新的一般规定与旧的特别规定不一致,不能确定如何适用时,由国务院裁决。

第一百零六条 地方性法规、规章之间不一致时,由有关机关依照下列规定的权限作出裁决:

(一)同一机关制定的新的一般规定与旧的特别规定不一致时,由制定机关裁决;

(二)地方性法规与部门规章之间对同一事项的规定不一致,不能确定如何适用时,由国务院提出意见,国务院认为应当适用地方性法规的,应当决定在该地方适用地方性法规的规定;认为应当适用部门规章的,应当提请全国人民代表大会常务委员会裁决;

(三)部门规章之间、部门规章与地方政府规章之间对同一事项的规定不一致时,由国务院裁决。

根据授权制定的法规与法律规定不一致,不能确定如何适用时,由全国人民代表大会常务委员会裁决。

第一百零七条 法律、行政法规、地方性法规、自治条例和单行条例、规章有下列情形之一的，由有关机关依照本法第一百零八条规定的权限予以改变或者撤销：

（一）超越权限的；

（二）下位法违反上位法规定的；

（三）规章之间对同一事项的规定不一致，经裁决应当改变或者撤销一方的规定的；

（四）规章的规定被认为不适当，应当予以改变或者撤销的；

（五）违背法定程序的。

第一百零八条 改变或者撤销法律、行政法规、地方性法规、自治条例和单行条例、规章的权限是：

（一）全国人民代表大会有权改变或者撤销它的常务委员会制定的不适当的法律，有权撤销全国人民代表大会常务委员会批准的违背宪法和本法第八十五条第二款规定的自治条例和单行条例；

（二）全国人民代表大会常务委员会有权撤销同宪法和法律相抵触的行政法规，有权撤销同宪法、法律和行政法规相抵触的地方性法规，有权撤销省、自治区、直辖市的人民代表大会常务委员会批准的违背宪法和本法第八十五条第二款规定的自治条例和单行条例；

（三）国务院有权改变或者撤销不适当的部门规章和地方政府规章；

（四）省、自治区、直辖市的人民代表大会有权改变或者撤销它的常务委员会制定的和批准的不适当的地方性法规；

（五）地方人民代表大会常务委员会有权撤销本级人民政府制定的不适当的规章；

（六）省、自治区的人民政府有权改变或者撤销下一级人民政府制定的不适当的规章；

（七）授权机关有权撤销被授权机关制定的超越授权范围或者违背授权目的的法规，必要时可以撤销授权。

第一百零九条 行政法规、地方性法规、自治条例和单行条例、规章应当在公布后的三十日内依照下列规定报有关机关备案：

（一）行政法规报全国人民代表大会常务委员会备案；

（二）省、自治区、直辖市的人民代表大会及其常务委员会制定的地方性法规，报全国人民代表大会常务委员会和国务院备案；设区的市、自治州的人民代表大会及其常务委员会制定的地方性法规，由省、自治区的人民代表大会常务委员会报全国人民代表大会常务委员会和国务院备案；

（三）自治州、自治县的人民代表大会制定的自治条例和单行条例，由省、自治区、直辖市的人民代表大会常务委员会报全国人民代表大会常务委员会和国务院备案；自治条例、单行条例报送备案时，应当说明对法律、行政法规、地方性法规作出变通的情况；

（四）部门规章和地方政府规章报国务院备案；地方政府规章应当同时报本级人民代表大会常务委员会备案；设区的市、自治州的人民政府制定的规章应当同时报省、自治区的人民代表大会常务委员会和人民政府备案；

（五）根据授权制定的法规应当报授权决定规定的机关备案；经济特区法规、浦东新区法规、海南自由贸易港法规报送备案时，应当说明变通的情况。

第一百一十条　国务院、中央军事委员会、国家监察委员会、最高人民法院、最高人民检察院和各省、自治区、直辖市的人民代表大会常务委员会认为行政法规、地方性法规、自治条例和单行条例同宪法或者法律相抵触，或者存在合宪性、合法性问题的，可以向全国人民代表大会常务委员会书面提出进行审查的要求，由全国人民代表大会有关的专门委员会和常务委员会工作机构进行审查、提出意见。

前款规定以外的其他国家机关和社会团体、企业事业组织以及公民认为行政法规、地方性法规、自治条例和单行条例同宪法或者法律相抵触的，可以向全国人民代表大会常务委员会书面提出进行审查的建议，由常务委员会工作机构进行审查；必要时，送有关的专门委员会进行审查、提出意见。

第一百一十一条　全国人民代表大会专门委员会、常务委员会工作机构可以对报送备案的行政法规、地方性法规、自治条例和单行条例等进行主动审查，并可以根据需要进行专项审查。

国务院备案审查工作机构可以对报送备案的地方性法规、自治条例和单行条例，部门规章和省、自治区、直辖市的人民政府制定的规章进行主动审查，并可以根据需要进行专项审查。

第一百一十二条 全国人民代表大会专门委员会、常务委员会工作机构在审查中认为行政法规、地方性法规、自治条例和单行条例同宪法或者法律相抵触，或者存在合宪性、合法性问题的，可以向制定机关提出书面审查意见；也可以由宪法和法律委员会与有关的专门委员会、常务委员会工作机构召开联合审查会议，要求制定机关到会说明情况，再向制定机关提出书面审查意见。制定机关应当在两个月内研究提出是否修改或者废止的意见，并向全国人民代表大会宪法和法律委员会、有关的专门委员会或者常务委员会工作机构反馈。

全国人民代表大会宪法和法律委员会、有关的专门委员会、常务委员会工作机构根据前款规定，向制定机关提出审查意见，制定机关按照所提意见对行政法规、地方性法规、自治条例和单行条例进行修改或者废止的，审查终止。

全国人民代表大会宪法和法律委员会、有关的专门委员会、常务委员会工作机构经审查认为行政法规、地方性法规、自治条例和单行条例同宪法或者法律相抵触，或者存在合宪性、合法性问题需要修改或者废止，而制定机关不予修改或者废止的，应当向委员长会议提出予以撤销的议案、建议，由委员长会议决定提请常务委员会会议审议决定。

第一百一十三条 全国人民代表大会有关的专门委员会、常务委员会工作机构应当按照规定要求，将审查情况向提出审查建议的国家机关、社会团体、企业事业组织以及公民反馈，并可以向社会公开。

第一百一十四条 其他接受备案的机关对报送备案的地方性法规、自治条例和单行条例、规章的审查程序，按照维护法制统一的原则，由接受备案的机关规定。

第一百一十五条 备案审查机关应当建立健全备案审查衔接联动机制，对应当由其他机关处理的审查要求或者审查建议，及时移送有关机关处理。

第一百一十六条 对法律、行政法规、地方性法规、自治条例和单行条例、规章和其他规范性文件，制定机关根据维护法制统一的原则和改革发展的需要进行清理。

第六章　附　　则

第一百一十七条 中央军事委员会根据宪法和法律，制定军事法规。

中国人民解放军各战区、军兵种和中国人民武装警察部队，可以根据法律和中央军事委员会的军事法规、决定、命令，在其权限范围内，制定军事规章。

军事法规、军事规章在武装力量内部实施。

军事法规、军事规章的制定、修改和废止办法，由中央军事委员会依照本法规定的原则规定。

第一百一十八条　国家监察委员会根据宪法和法律、全国人民代表大会常务委员会的有关决定，制定监察法规，报全国人民代表大会常务委员会备案。

第一百一十九条　最高人民法院、最高人民检察院作出的属于审判、检察工作中具体应用法律的解释，应当主要针对具体的法律条文，并符合立法的目的、原则和原意。遇有本法第四十八条第二款规定情况的，应当向全国人民代表大会常务委员会提出法律解释的要求或者提出制定、修改有关法律的议案。

最高人民法院、最高人民检察院作出的属于审判、检察工作中具体应用法律的解释，应当自公布之日起三十日内报全国人民代表大会常务委员会备案。

最高人民法院、最高人民检察院以外的审判机关和检察机关，不得作出具体应用法律的解释。

第一百二十条　本法自2000年7月1日起施行。

附录2　浙江省地方立法条例

（2001年2月16日浙江省第九届人民代表大会第四次会议通过
根据2004年1月16日浙江省第十届人民代表大会常务委员会第七次会议《关于修改〈浙江省地方立法条例〉的决定》第一次修正
根据2013年7月26日浙江省第十二届人民代表大会常务委员会第四次会议《关于修改〈浙江省地方立法条例〉的决定》第二次修正
根据2016年1月28日浙江省第十二届人民代表大会第四次会议《关于修改〈浙江省地方立法条例〉的决定》第三次修正
根据2023年9月28日浙江省第十四届人民代表大会常务委员会第五次会议《关于修改〈浙江省地方立法条例〉的决定》第四次修正）

目　录

第八章 附则

第一章 总 则

第一条 为了规范地方立法活动，完善地方立法程序，提高地方立法质量，发挥立法的引领和推动作用，深化法治浙江建设，根据《中华人民共和国立法法》《中华人民共和国地方各级人民代表大会和地方各级人民政府组织法》和本省实际，制定本条例。

第二条 省和设区的市的地方性法规、景宁畲族自治县的自治条例和单行条例的制定、修改、废止和解释，省人民代表大会常务委员会批准地方性法规、自治条例和单行条例，以及其他相关立法活动，适用本条例。

省和设区的市人民政府规章的制定、修改、废止和解释，依照本条例的有关规定执行。

第三条 地方立法应当遵循《中华人民共和国立法法》确定的立法原则。

地方立法应当从实际出发，体现地方特色，不得与上位法相抵触，内容具体可操作。

地方立法应当采用适合体例，一般不重复上位法的规定，用语简约、规范。

第四条 省、设区的市人民代表大会及其常务委员会和景宁畲族自治县人民代表大会应当加强对地方立法工作的组织协调，健全地方立法工作机制，发挥在地方立法工作中的主导作用。

省人民代表大会常务委员会应当加强对设区的市人民代表大会及其常务委员会和景宁畲族自治县人民代表大会地方立法工作的统筹和指导。

第二章 立法权限

第五条 省人民代表大会及其常务委员会可以就下列事项制定地方性法规：

（一）为执行法律、行政法规的规定，需要由地方性法规作具体规定的事项；

（二）法律规定由地方性法规作出规定的事项；

（三）属于地方性事务需要制定地方性法规的事项；

（四）除《中华人民共和国立法法》第十一条规定的事项外，其他尚未制定法律、行政法规，需要制定地方性法规的事项；

（五）依法有权规定的其他事项。

规定本省特别重大事项的地方性法规和法律规定由省人民代表大会制定的地方性法规，应当由省人民代表大会通过。

在省人民代表大会闭会期间，省人民代表大会常务委员会可以对省人民代表大会制定的地方性法规进行部分补充和修改，但是不得同该地方性法规的基本原则相抵触。

第六条 省人民代表大会及其常务委员会可以根据改革发展的需要，决定就特定事项授权在规定期限和范围内暂时调整或者暂时停止适用省的地方性法规的部分规定。

暂时调整或者暂时停止适用省的地方性法规的部分规定的事项，实践证明可行的，由省人民代表大会及其常务委员会及时修改有关地方性法规；修改地方性法规的条件尚不成熟的，可以延长授权的期限，或者恢复施行有关地方性法规的规定。

第七条 设区的市人民代表大会及其常务委员会可以根据本市的具体情况和实际需要，在不同宪法、法律、行政法规和省的地方性法规相抵触的前提下，对城乡建设与管理、生态文明建设、历史文化保护、基层治理等方面的事项制定地方性法规，法律对设区的市制定地方性法规的事项另有规定的，从其规定。设区的市的地方性法规须报省人民代表大会常务委员会批准后施行。

第八条 景宁畲族自治县人民代表大会有权依照《中华人民共和国立法法》《中华人民共和国民族区域自治法》的规定，制定自治条例和单行条例，报省人民代表大会常务委员会批准后生效。

第九条 省和设区的市人民政府可以根据法律、行政法规和地方性法规制定规章，就执行法律、行政法规、地方性法规规定和本行政区域具体行政管理事项作出规定。

设区的市人民政府制定地方政府规章，限于城乡建设与管理、生态文明建设、历史文化保护、基层治理等方面的事项。

应当制定地方性法规但条件尚不成熟的，因行政管理迫切需要，可以先制定地方政府规章。地方政府规章实施满两年需要继续实施规章所规定的行政措施的，应当提请本级人民代表大会或者其常务委员会制定地方性法规。但是，地方政府规章不得设定行政强制措施；省人民政府规章设定的临时许可满一年需要继续实施的，应当提请省人民代表大会或者其常务委员会制定地方性法规，设区的市人民政府规章不得设定行政许可；地方政府规章设定行政处罚的，依照《中华人民共和国行政处罚法》的规定执行。

没有法律、行政法规、地方性法规的依据，地方政府规章不得设定减损公民、法人和其他组织权利或者增加其义务的规范。

第三章 立法准备

第十条 省人民代表大会常务委员会通过立法规划、年度立法计划、专项立法计划等形式，加强对省的地方立法工作的统筹安排。编制立法规划和立法计划，应当认真研究吸纳代表议案和建议，广泛征集意见，科学论证评估，根据经济社会发展和民主法治建设的需要，确定立法项目，通过制定、修改、废止、解释地方性法规等多种形式，增强立法的系统性、整体性、协同性、时效性。

设区的市人民代表大会常务委员会在确定立法计划前，应当将计划草案报送省人民代表大会常务委员会法制工作委员会征求意见。省人民代表大会常务委员会法制工作委员会可以对设区的市立法计划草案中超出法定立法事项范围的项目提出调整意见。

省人民代表大会及其常务委员会对某一事项正在制定地方性法规或者已经将其列入立法计划的，设区的市人民代表大会及其常务委员会应当避免就同一事项制定地方性法规。

第十一条 省人民代表大会常务委员会的立法规划和立法计划，由省人民代表大会常务委员会法制工作委员会负责编制，经主任会议通过后向社会公布。

省人民代表大会常务委员会法制工作委员会按照省人民代表大会常务委员会的要求，督促立法规划和立法计划的落实。

第十二条 省有关部门和单位申报列入省人民代表大会常务委员会立法计划的立法项目的，应当按照规定提出制定该地方性法规的可行性报告、地方性法规草案建议稿和相关材料。

列入省人民代表大会常务委员会立法计划初次审议的项目，应当确定地方性法规案的提案人和提请时间。未按时提请审议的，提案人应当向主任会议提出书面说明。

第十三条 列入省人民代表大会常务委员会立法计划的地方性法规草案,一般由提案人组织由立法工作者、实务工作者、省人民代表大会代表以及专家、学者等方面人员组成的起草小组起草。涉及部门多、立法难度大的重要地方性法规草案,可以由省人民代表大会常务委员会联系相关专门委员会的副主任和省人民政府分管相关工作的副省长共同担任起草小组组长。

专业性较强的地方性法规草案也可以由提案人委托有关专家、教学科研单位、社会组织起草。综合性、全局性、基础性的重要地方性法规草案,可以由有关的专门委员会或者常务委员会工作机构组织起草。

有关的专门委员会、常务委员会工作机构应当提前参与有关方面的地方性法规草案起草工作。

第十四条 起草地方性法规草案,应当深入调查研究,广泛听取意见,科学论证评估,符合立法技术规范,提高地方性法规草案质量。

第四章 省的地方性法规的制定

第一节 省人民代表大会立法程序

第十五条 省人民代表大会主席团可以向省人民代表大会提出地方性法规案,由省人民代表大会会议审议。

省人民代表大会常务委员会、省人民政府、省人民代表大会各专门委员会,可以向省人民代表大会提出地方性法规案,由主席团决定列入会议议程。

第十六条 省人民代表大会代表十人以上联名,可以向省人民代表大会提出地方性法规案,由主席团决定是否列入会议议程,或者先交有关的专门委员会审议、提出是否列入会议议程的意见,再决定是否列入会议议程。主席团决定不列入会议议程的,应当向大会报告或者向提案人说明。

专门委员会审议的时候,可以邀请提案人列席会议,发表意见。

第十七条 拟向省人民代表大会提出的地方性法规案,在省人民代表大会闭会期间,可以先向常务委员会提出,经常务委员会会议审议后,决定提请省人民代表大会审议,由常务委员会向大会全体会议作说明,或者由提案人向大会全体会议作说明。

常务委员会依照前款规定审议地方性法规案，应当通过多种方式征求省人民代表大会代表的意见，并将有关情况予以反馈；专门委员会和常务委员会工作机构开展立法调研，应当邀请有关的省人民代表大会代表参加。

第十八条　常务委员会决定提请省人民代表大会会议审议的地方性法规案，应当在会议举行的三十日前将地方性法规草案发给代表，并可以适时组织代表研读讨论，征求代表的意见。

第十九条　列入省人民代表大会会议议程的地方性法规案，大会全体会议听取关于该地方性法规案的说明后，由各代表团进行审议。

各代表团审议地方性法规案时，提案人应当派人听取意见，回答询问。

各代表团审议地方性法规案时，根据代表团的要求，有关机关、组织应当派人介绍情况。

第二十条　列入省人民代表大会会议议程的地方性法规案，主席团可以交省人民代表大会有关的专门委员会审议，提出审议意见，并印发会议。

第二十一条　列入省人民代表大会会议议程的地方性法规案经各代表团审议后，由法制委员会根据各代表团和有关的专门委员会的审议意见，进行统一审议，向主席团提出审议结果报告和地方性法规草案修改稿，对重要的不同意见应当在审议结果报告中予以说明，经主席团会议审议通过后，印发会议。

地方性法规草案修改稿经各代表团审议后，由法制委员会根据各代表团的审议意见进行修改，向主席团提出关于地方性法规草案修改稿修改情况的说明和地方性法规草案表决稿。

第二十二条　列入省人民代表大会会议议程的地方性法规案经各代表团审议后，各方面意见比较一致的，由法制委员会根据各代表团和有关的专门委员会的审议意见，向主席团提出审议结果报告和地方性法规草案表决稿。

第二十三条　列入省人民代表大会会议议程的地方性法规案，必要时，主席团常务主席可以召开各代表团团长会议，就地方性法规案中的重大问题听取各代表团的审议意见，进行讨论，并将讨论的情况和意见向主席团报告。

主席团常务主席也可以就地方性法规案中的重大的专门性问题，召集代表团推选的有关代表进行讨论，并将讨论的情况和意见向主席团报告。

第二十四条 列入省人民代表大会会议议程的地方性法规案，在交付表决前，提案人要求撤回的，应当说明理由，经主席团同意，并向大会报告，对该地方性法规案的审议即行终止。

第二十五条 地方性法规案在审议中有重大问题需要进一步研究的，经主席团提出，由大会全体会议决定，可以授权常务委员会根据代表的意见进一步审议，作出决定，并将决定情况向省人民代表大会下次会议报告；也可以授权常务委员会根据代表的意见进一步审议，提出修改方案，提请省人民代表大会下次会议审议决定。

第二十六条 地方性法规草案表决稿由主席团提请大会全体会议表决，由全体代表的过半数通过。

第二十七条 省人民代表大会通过的地方性法规由主席团发布公告予以公布。

第二节 省人民代表大会常务委员会立法程序

第二十八条 省人民代表大会常务委员会主任会议可以向常务委员会提出地方性法规案，由常务委员会会议审议。

第二十九条 省人民政府可以向常务委员会提出地方性法规案，由主任会议决定列入常务委员会会议议程，或者先交有关的专门委员会审议、提出报告，再决定列入常务委员会会议议程。省人民政府应当在常务委员会会议举行的三十日前，将拟提请会议审议的地方性法规案送交常务委员会。

第三十条 省人民代表大会各专门委员会可以向常务委员会提出地方性法规案，由主任会议决定列入常务委员会会议议程。

第三十一条 主任会议认为省人民政府、省人民代表大会各专门委员会提出的地方性法规案有重大问题需要进一步研究的，可以建议提案人修改完善后再向常务委员会提出。

第三十二条 省人民代表大会常务委员会组成人员五人以上联名，可以向常务委员会提出地方性法规案，由主任会议决定是否列入常务委员会会议议程，或者先交有关的专门委员会审议、提出是否列入会议议程的意见，再决定是否列入常务委员会会议议程。不列入会议议程的，应当向常务委员会会议报告或者向提案人说明。

专门委员会审议的时候,可以邀请提案人列席会议,发表意见。

第三十三条 地方性法规案提出后,列入常务委员会会议议程前,主任会议先交有关的专门委员会审议的,有关的专门委员会应当在规定的时间内提出审议意见。

专门委员会应当对地方性法规案的立法必要性、主要内容的可行性和是否列入会议议程进行审议,提出意见,并向主任会议报告。

主任会议决定列入会议议程的,专门委员会审议意见印发常务委员会会议。

专门委员会审议地方性法规案时,可以邀请其他专门委员会的成员列席会议,发表意见。

第三十四条 列入常务委员会会议议程的地方性法规案,除特殊情况外,常务委员会办公厅应当在会议举行的五日前将地方性法规草案及有关材料发给常务委员会组成人员。

第三十五条 列入常务委员会会议议程的地方性法规案,一般应当经过两次常务委员会会议审议后交付表决。地方性法规案涉及本省重大事项或者各方面存在较大意见分歧的,经主任会议决定,可以经过三次以上常务委员会会议审议后交付表决。

常务委员会会议第一次审议地方性法规案,在全体会议上听取提案人的说明,结合有关的专门委员会审议意见,由分组会议进行审议。

实行两次审议的地方性法规案,常务委员会会议第二次审议时,在全体会议上听取法制委员会关于地方性法规草案审议结果的报告,由分组会议进行审议。

实行三次以上审议的地方性法规案,常务委员会会议继续审议时,在全体会议上听取法制委员会关于地方性法规草案修改情况和主要问题的汇报,由分组会议进一步审议;常务委员会会议最后一次审议时,在全体会议上听取法制委员会关于地方性法规草案审议结果的报告,由分组会议对地方性法规草案修改稿进行审议。

第三十六条 地方性法规案的调整事项比较单一或者只作部分修改,且各方面意见比较一致,或者遇有紧急情形的,经主任会议决定,可以经过一次常务委员会会议审议后交付表决。

实行一次审议的地方性法规案,在常务委员会全体会议上听取提案人的说明和法制委员会关于地方性法规草案审议结果的报告,由分组会议进行审议。提案人为法制委员会的,在全体会议上不再听取法制委员会关于地方性法规草案审议结果的报告。

第三十七条 常务委员会会议审议地方性法规案时,根据需要,可以召开联组会议或者全体会议进行审议,对地方性法规草案中的主要问题进行讨论或者辩论。

常务委员会会议审议地方性法规案,应当安排必要的时间,保证常务委员会组成人员充分发表意见。

第三十八条 常务委员会分组会议审议地方性法规案时,提案人应当派人听取意见,回答询问。

常务委员会分组会议审议地方性法规案时,根据小组要求,有关机关、组织应当派人介绍情况。

第三十九条 常务委员会会议审议地方性法规案时,应当邀请有关的省人民代表大会代表列席会议;经主任会议决定,可以邀请有关的全国人民代表大会代表列席会议。

第四十条 地方性法规案经常务委员会会议第一次审议后,常务委员会法制工作委员会应当及时将地方性法规草案及其说明等通过立法数字化应用等途径发送省人民代表大会代表,各市、县、区人民代表大会常务委员会,有关机关、组织、基层立法联系点、代表联络站和专家、学者等征求意见。

地方性法规案经常务委员会会议第一次审议后,常务委员会法制工作委员会应当将地方性法规草案及其说明等通过浙江人大网、地方立法网向社会公布,征求意见,但是经主任会议决定不公布的除外。向社会公布征求意见的时间一般不少于二十日。征求意见的情况应当向社会通报。

列入常务委员会会议议程的重要的地方性法规案,经主任会议决定,可以将地方性法规草案或者草案修改稿在全省范围内发行的报纸上公布,征求意见。

第四十一条 列入常务委员会会议议程的地方性法规案,法制委员会、有关的专门委员会和常务委员会工作机构应当就地方性法规案的有关问题进行调查研究,听取各方面意见。听取意见和调查研究可以采取座谈会、论证会、听证会、实地考察等多种形式。

地方性法规案有关问题专业性较强,需要进行可行性评价的,应当召开论证会,听取有关专家、部门和省人民代表大会代表等方面的意见,或者委托第三方组织论证。论证情况应当向常务委员会报告。

地方性法规案有关问题存在重大意见分歧或者涉及利益关系重大调整,需要进行听证的,应当召开听证会,听取有关基层和群体代表、部门、人民团体、专家、省人民代表大会代表和社会有关方面的意见。听证情况应当向常务委员会报告。

第四十二条 法制委员会、有关的专门委员会和常务委员会工作机构开展立法调研,应当通过下列方式发挥省人民代表大会代表的作用:

(一)就地方性法规草案或者草案修改稿征求有关代表的意见;

(二)按照代表分专业有重点参与立法工作机制的要求,邀请有关代表全程参与立法调研,听取代表意见;

(三)必要时,组织有关代表赴基层立法联系点、代表联络站听取人民群众的意见;

(四)其他方式。

第四十三条 法制委员会根据常务委员会组成人员、有关的专门委员会的审议意见和其他有关方面提出的意见,对地方性法规案进行统一审议。

法制委员会统一审议后,提出审议结果或者修改情况的报告和地方性法规草案修改稿,由主任会议决定交付常务委员会会议审议。法制委员会对重要的不同意见应当予以说明。对有关的专门委员会的重要审议意见没有采纳的,应当向有关的专门委员会反馈。

法制委员会审议地方性法规案时,应当邀请有关的专门委员会的成员列席会议,发表意见。

专门委员会之间对地方性法规草案的重要问题意见不一致时,应当向主任会议报告。

第四十四条 拟提请常务委员会会议审议通过的地方性法规案,在法制委员会提出审议结果报告前,常务委员会法制工作委员会可以对地方性法规草案中主要制度规范的可行性、地方性法规出台时机、地方性法规实施的社会效果和可能出现的问题等进行评估。评估情况由法制委员会在审议结果报告中予以说明。

第四十五条 地方性法规草案修改稿或者地方性法规草案经常务委员会会议审议,由法制委员会根据常务委员会组成人员的审议意见进行修改,提出地方性法规草案表决稿,由主任会议决定提请常务委员会全体会议表决,由常务委员会全体组成人员的过半数通过。表决前,由法制委员会对地方性法规草案修改情况进行说明。

地方性法规草案表决稿交付常务委员会会议表决前,主任会议根据常务委员会会议审议的情况,可以决定将个别意见分歧较大的重要条款提请常务委员会会议单独表决。

单独表决的条款经常务委员会会议表决后,主任会议根据单独表决的情况,可以决定将地方性法规草案表决稿交付表决,也可以决定暂不付表决,交法制委员会和有关的专门委员会进一步审议。

第四十六条 列入常务委员会会议议程的地方性法规案,在交付表决前,提案人要求撤回的,应当说明理由,经主任会议同意,并向常务委员会报告,对该地方性法规案的审议即行终止。

第四十七条 列入常务委员会会议审议的地方性法规案,因各方面对制定该地方性法规的必要性、可行性等重大问题存在较大意见分歧搁置审议满两年,或者因暂不付表决经过两年没有再次列入常务委员会会议议程审议的,主任会议可以决定终止审议,并向常务委员会报告;必要时,主任会议也可以决定延期审议。

第四十八条 对多件地方性法规中涉及同类事项的个别条款进行修改,一并提出地方性法规案的,经主任会议决定,可以合并表决,也可以分别表决。

第四十九条 常务委员会通过的地方性法规,由常务委员会发布公告予以公布。

第三节 其他规定

第五十条 提出地方性法规案,应当同时提出地方性法规草案文本及其说明,并提供必要的参阅资料。修改地方性法规的,还应当提交修改前后的对照文本。

地方性法规草案的说明应当包括以下内容:

(一)制定或者修改地方性法规的必要性、可行性和有关依据;

（二）地方性法规草案的适用范围和主要内容；

（三）起草过程中对重大分歧意见的协调处理情况；

（四）其他应当说明的事项。

第五十一条 向省人民代表大会及其常务委员会提出的地方性法规案，在列入会议议程前，提案人有权撤回。

第五十二条 交付省人民代表大会及其常务委员会全体会议表决未获得通过的地方性法规案，如果提案人认为必须制定该地方性法规，可以依照本条例规定的程序重新提出，由主席团、主任会议决定是否列入会议议程；其中，未获得省人民代表大会通过的地方性法规案，应当提请省人民代表大会审议决定。

第五十三条 地方性法规应当明确规定施行日期。

第五十四条 地方性法规公布后，其文本以及草案的说明、审议结果报告等，应当及时在浙江省人民代表大会常务委员会公报和中国人大网、浙江人大网以及《浙江日报》上全文刊载。

在浙江省人民代表大会常务委员会公报上刊登的地方性法规文本为标准文本。

第五十五条 地方性法规被修改的，应当公布新的地方性法规文本。

地方性法规被废止的，除由其他地方性法规规定废止该地方性法规的以外，由省人民代表大会主席团或者省人民代表大会常务委员会发布公告予以公布。

省人民代表大会及其常务委员会依照本条例第六条规定作出授权决定的，由省人民代表大会主席团或者省人民代表大会常务委员会发布公告予以公布。

第五十六条 地方性法规自公布后的三十日内，由省人民代表大会常务委员会报全国人民代表大会常务委员会和国务院备案。

第五十七条 地方性法规草案有关内容与其他地方性法规相关规定不一致的，提案人应当予以说明并提出处理意见，必要时应当同时提出修改或者废止其他地方性法规相关规定的议案。

法制委员会和有关专门委员会审议地方性法规案时，认为需要修改或者废止其他地方性法规相关规定的，应当提出处理意见。

第五十八条 有下列情形之一的，省人民代表大会常务委员会应当及时进行地方性法规清理：

（一）全国人民代表大会常务委员会、国务院或者法律、行政法规要求进行清理的；

（二）国家制定、修改或者废止法律、行政法规，需要对地方性法规进行清理的；

（三）因经济社会发展，地方性法规存在明显不适应情形，需要进行清理的；

（四）其他原因需要进行清理的。

第五十九条 地方性法规明确要求有关国家机关对专门事项作出配套的具体规定的，有关国家机关应当自地方性法规施行之日起一年内作出规定，地方性法规对配套的具体规定制定期限另有规定的，从其规定。有关国家机关未能在期限内作出配套的具体规定的，应当向省人民代表大会常务委员会说明情况。

第六十条 省人民代表大会有关的专门委员会、常务委员会工作机构可以组织对有关地方性法规或者地方性法规中有关规定进行立法后评估。评估情况应当向常务委员会报告。

第六十一条 省人民代表大会及其常务委员会作出具有地方性法规性质的决定，依照本条例的相关规定执行。

第六十二条 省人民代表大会常务委员会根据实际需要设立基层立法联系点，深入听取基层群众和有关方面对地方性法规草案和立法工作的意见。

第六十三条 省人民代表大会有关的专门委员会、常务委员会办事机构和工作机构会同省有关部门和单位，加强立法宣传工作，通过多种形式发布立法信息、介绍情况、回应关切。

第六十四条 国家机关、社会团体、企业事业组织以及公民发现地方性法规的内容与法律、行政法规相抵触，或者与相关地方性法规不协调，或者不适应新的形势要求的，可以向省人民代表大会常务委员会提出修改和废止的意见、建议。

第五章 设区的市的地方性法规和自治条例、单行条例的制定和批准

第六十五条 设区的市的地方性法规的制定程序、景宁畲族自治县自治条例和单行条例的制定程序，分别由设区的市人民代表大会和景宁畲族自治县人民代表大会参照本条例第四章规定的程序规定。

第六十六条 设区的市人民代表大会及其常务委员会制定的地方性法规，应

当依法报请省人民代表大会常务委员会批准。报请批准时,应当提交报请批准地方性法规的书面报告、地方性法规文本及其说明。

第六十七条 设区的市人民代表大会及其常务委员会在拟举行会议审议表决地方性法规案前,可以将该地方性法规草案修改稿报送省人民代表大会常务委员会法制工作委员会征求意见。常务委员会法制工作委员会根据情况转送有关的专门委员会、省人民政府有关部门及其他有关单位、人员征求意见。有关意见由常务委员会法制工作委员会整理后告知设区的市人民代表大会常务委员会。

第六十八条 报请批准的地方性法规提请省人民代表大会常务委员会会议审查批准前,由常务委员会法制工作委员会征求有关的专门委员会、省人民政府有关部门及其他有关单位、人员的意见后提请法制委员会审议。

法制委员会应当根据《中华人民共和国立法法》的要求和各方面的意见进行审议,提出审议结果报告和批准文本草案。

第六十九条 报请批准的地方性法规,由省人民代表大会常务委员会主任会议决定提请常务委员会会议审查批准。

第七十条 除特殊情况外,省人民代表大会常务委员会办公厅应当在常务委员会会议举行的五日前,将主任会议决定提请本次会议审查批准的地方性法规文本及其说明发给常务委员会组成人员。

第七十一条 省人民代表大会常务委员会会议审查报请批准的地方性法规时,在全体会议上听取法制委员会关于该地方性法规审议结果的报告。

第七十二条 省人民代表大会常务委员会应当对报请批准的地方性法规的合法性进行审查。同宪法、法律、行政法规和省的地方性法规不抵触的,应当自收到报请批准报告之日起四个月内予以批准;相抵触的,可以不予批准,或者经修改后再予以批准。

报请批准的地方性法规的规定有下列情形之一的,为抵触:

(一)超越立法权限的;

(二)违反上位法规定的;

(三)违背上位法立法目的和立法精神的;

(四)其他违反法律、法规规定的情形。

第七十三条 省人民代表大会常务委员会在对报请批准的地方性法规进行

审查时,发现其同省人民政府制定的规章相抵触的,应当根据情况,作出处理决定。

第七十四条 报请批准的地方性法规,在列入省人民代表大会常务委员会会议议程前,设区的市人民代表大会常务委员会有权撤回;列入会议议程,但在交付表决前,要求撤回的,应当说明理由,经省人民代表大会常务委员会主任会议同意,并向常务委员会报告,对该报请批准的地方性法规的审查即行终止。

主任会议可以建议设区的市人民代表大会常务委员会撤回报请批准的地方性法规。

第七十五条 省人民代表大会常务委员会关于批准地方性法规的决定草案和拟批准的地方性法规文本,或者关于不予批准地方性法规的决定草案,由主任会议决定提请省人民代表大会常务委员会全体会议表决。

第七十六条 表决省人民代表大会常务委员会关于批准或者不予批准地方性法规的决定草案,以常务委员会全体组成人员的过半数通过。

第七十七条 省人民代表大会常务委员会关于批准地方性法规的决定,应当及时在浙江省人民代表大会常务委员会公报和浙江人大网以及《浙江日报》上刊载。

省人民代表大会常务委员会办公厅应当自批准决定通过之日起七日内将批准决定及批准的地方性法规文本,送交设区的市人民代表大会常务委员会。

报请批准的地方性法规交付省人民代表大会常务委员会表决未获通过的,应当及时告知设区的市人民代表大会常务委员会。

第七十八条 经省人民代表大会常务委员会批准的地方性法规,由设区的市人民代表大会常务委员会发布公告予以公布。公告应当载明制定机关、通过时间、批准机关、批准时间和施行时间。

第七十九条 设区的市人民代表大会常务委员会应当自地方性法规公布之日起十五日内,将公布的地方性法规的公告及地方性法规文本和有关材料报送省人民代表大会常务委员会,由省人民代表大会常务委员会报全国人民代表大会常务委员会和国务院备案。

第八十条 设区的市人民代表大会及其常务委员会修改、废止地方性法规,应当依照本章规定报请批准。

第八十一条 景宁畲族自治县人民代表大会制定的自治条例和单行条例的

批准,除法律另有规定外,适用本章的相应规定。

第六章　长三角区域协同立法

第八十二条　省人民代表大会及其常务委员会根据长三角地区高质量一体化发展的具体情况和实际需要,可以与上海市、江苏省、安徽省人民代表大会及其常务委员会协同制定地方性法规,在本行政区域或者有关区域内实施。

第八十三条　开展长三角区域协同立法,应当贯彻落实长三角一体化发展战略,坚持平等协商、优势互补、合作共赢、务实高效的原则,推动解决长三角地区高质量一体化发展的共性问题、关联问题和经济社会发展成果的共享问题。

第八十四条　长三角区域协同立法可以根据具体立法事项,采取下列协同方式:

(一)各方就地方性法规草案文本的全部内容协商一致,在相同或者相近的时间分别审议通过,同一时间施行;

(二)各方就地方性法规草案文本的部分内容协商一致,在一定时间内分别审议通过和施行。

各方还可以就区域协同立法项目以外的其他立法项目采取相互征求意见、共同研究论证等方式开展立法协作。

第八十五条　省人民代表大会常务委员会与上海市、江苏省、安徽省人民代表大会常务委员会建立区域协同立法工作机制,联合开展区域协同立法项目立项论证、调研起草、法规草案修改和地方性法规通过后的新闻发布、执法检查、立法后评估等工作,提高区域协同立法的针对性、实效性,推动协同制定的地方性法规全面有效实施和及时修改完善。

第八十六条　省人民代表大会及其常务委员会与长三角地区以外的相邻省协同制定地方性法规,设区的市协同制定地方性法规,依照本章的相关规定执行。

第七章　地方性法规和自治条例、单行条例的解释

第八十七条　省人民代表大会及其常务委员会制定的地方性法规的规定,需要进一步明确具体含义,或者地方性法规制定后出现新的情况,需要明确适用地方性法规依据的,由省人民代表大会常务委员会解释。

第八十八条 省人民政府、省监察委员会、省高级人民法院、省人民检察院和省人民代表大会各专门委员会以及设区的市人民代表大会常务委员会，可以向省人民代表大会常务委员会提出地方性法规解释要求。

第八十九条 省人民代表大会法制委员会研究拟订省地方性法规解释草案，由主任会议决定列入常务委员会会议议程。

第九十条 省的地方性法规解释草案经省人民代表大会常务委员会会议审议，由法制委员会根据常务委员会组成人员的审议意见进行审议、修改，提出地方性法规解释草案表决稿。

第九十一条 省的地方性法规解释草案表决稿由省人民代表大会常务委员会全体组成人员的过半数通过。

省人民代表大会常务委员会应当及时公布省的地方性法规解释，并在浙江省人民代表大会常务委员会公报和浙江人大网以及《浙江日报》上刊载。

第九十二条 省人民代表大会常务委员会的地方性法规解释同地方性法规具有同等效力。

第九十三条 省人民代表大会常务委员会法制工作委员会可以对省的地方性法规有关具体问题的询问进行研究后予以答复，并报常务委员会备案。

第九十四条 设区的市人民代表大会及其常务委员会制定的地方性法规和景宁畲族自治县人民代表大会制定的自治条例、单行条例，分别由设区的市人民代表大会常务委员会和景宁畲族自治县人民代表大会常务委员会解释，并依照本条例第五章的规定报请省人民代表大会常务委员会审查批准后，分别由设区的市人民代表大会常务委员会和景宁畲族自治县人民代表大会常务委员会公布。

第八章　附　　则

第九十五条 省和设区的市人民政府制定规章的程序，依照国务院的有关规定执行。

省和设区的市人民政府制定的规章的备案审查，依照有关法律、法规执行。

第九十六条 本条例自 2001 年 3 月 1 日起施行。《浙江省人民代表大会常务委员会制定地方性法规程序的规定》《浙江省人民代表大会常务委员会批准地方性法规程序的规定》同时废止。